中国人的『经世之学』

王阳明心学的智慧

宿春礼 / 编著

吾性自足 心外无物 知行合一

中国华侨出版社
·北京·

前言

"为天地立心,为生民立命,为往圣继绝学,为万世开太平。"这是宋代学者张载提出的儒家最高道德理想,以此来形容王阳明的一生亦不为过。王阳明生平命途多舛,屡试未中,及第之后入朝为官,在任兵部主事时,因反对刘瑾等宦官为政,被贬谪为龙场的驿丞,后来受朝廷重用,平乱屡建世功,荣封"新建伯",官至南京兵部尚书。在学术思想方面,他继承宋代大儒陆九渊的心学,以自己的体悟加以完善,形成了独具一格的心学体系。纵观王阳明的生命历程,虽然一路坎坷,但他世功显赫,学名昭昭,成为中国历史上在立德、立功、立言三方面都有显著作为的大家。中国著名学者郭沫若先生曾说:"王阳明是伟大的精神生活者,他是儒家精神的复活者。"哈佛大学教授杜维明甚至认为,王阳明是近五百年来儒家的源头活水。可见,王阳明在中国传统儒家文化精神的传承和立新两方面的重要地位。

王阳明的心学,大致可分为三个部分:心即是理的人生论;知行合一的认识论;致良知的修养学说。心是天地万物的主宰,心外无理、心外无物,是心学说的基本观点。王阳明认为，人心是根本的问题，是产生善与恶的源头。任何外在的行动、事物都是受思想支配的，一切统一于心。针对当时社会言行不一的弊病，王阳明提出了知行合一说，纠正了朱熹先知后行的知行观。他认为知和行是不能分离的，知是行的主意，行是知的功夫；知是行之始，行是知之成。总之，有知必有行，有行必有知。王阳明摸索的"致良知"的道路，用他自己的话说是"从百死千难中得来"，是"千古圣贤相传的一点儿真骨血"。良知人人都有，致良知就是让心回到"无善无恶"明洁的本真状态，是通过主体的意识达到自我道德的修养，规范自我的行为。致良知被称为王阳明心学的核心部分。从良知出发，人人皆是平等的，凡人也可以成为圣人。只要维护心为本体，做到心外无物，追求透彻的本心，便没有什么困难可言！

王阳明的心学不仅对当时的社会产生了巨大的影响，而且对现在的社会也具有深刻的意义。王阳明的心学高扬主体意识，强调内心的力量，追求透明本心、胸中洒脱，对改善现代人的精神状态有着积极的作用，可以让疲惫脆弱的现代人重新获得强大的内心，在浮躁的社会中获得内心的宁静、充实与幸福。本书从现代人立身处世的需要出发，以通俗易懂的文字深入阐释了王阳明在立志、修心、仁爱、至诚等方面修身处世的人生智慧，以期帮助读者正确地理解王阳明的言论及其心学的基本宗旨。

目 录

第一章
宽心：身安不如心安，屋宽不如心宽

1 / 欲修身，先养心

4 / 看破繁华，不动于气

7 / 不忙不乱，不"焦"不躁

10 / 身处泥泞，遥看满山花开

12 / 心狭为祸之根，心旷为福之门

15 / 空心，才能容万物

第二章
诚心：持纯粹心，做至诚人

17 / 真心着眼，敦本尚实

20 / 保持本色，出以真情

23 / 朴实的人生态度

26 / 清水芙蓉，纯然初心

28 / 君子养心莫善于诚

31 / 至诚胜于至巧

第三章
进取心：立志由心，量力而行

35 / 志不立，天下无可成之事

38 / 心之所想，力之所及

41 / 志当存高远，路从脚下行

45 / 人贵有自知之明

第四章
道德心：小赢靠智，大赢靠德

49 / 君子如玉亦如铁

52 / 养一身浩然正气

54 / 顶天立地，刚正不阿

56 / 好德如好色

第五章
孝敬心：以孝安家，以敬持家

61 / 孝顺在当下

65 / 百善孝为先，原心不原迹

68 / 孝是一种生存品质

71 / 能养只是一半的孝

73 / 时刻念父母生养之恩

第六章
素净心：减一分人欲，得一分轻快

77 / 身外物不奢恋

80 / 心安理得，知足常乐

84 / "财"是静心的拦路虎

87 / 养心在于寡欲

90 / 淡泊以明志，宁静以致远

93 / 徒有虚名不中用

95 / 少一些机心，少一些痛苦

第七章
决心：知行合一，言行一致

99 / 慎思之，笃行之

102 / 把学问用在实处

105 / 千里之行，始于当下

108 / 成功不在难易，在于身体力行去做

111 / 大胆尝试，实践出真知

115 / 不逆不亿，言行一致

第八章
忍耐心：岁寒，然后知松柏之后凋也

119 / 苦是乐的源头，乐是苦的归结

122 / 面对成败淡定处之

126 / 耐住等待，才能苦尽甘来

128 / 苦不入心，生命自有芳华

131 / 人生需要反复磨炼

134 / 深陷逆境，其实"别有洞天"

137 / 寂寞是最大的考验

第九章
反省心：静察己过，不论他人是非

141 / 自省是涤荡心灵的清泉

145 / 静察己过，勿论人非

147 / 静时存养，动时省察

150 / 君子改过，人皆仰之

153 / 反观自身，不断自我提升

第十章
谨慎心：三思而后言

157 / "有糖衣的逆言"易被接受

160 / 言辞不可太露骨

163 / 少妄言，多好话

第十一章
利他心：己所不欲，勿施于人

167 / 善待别人就是善待自己

170 / 自利则生，利他则久

173 / 爱出者爱返，福往者福来

175 / 与人为善，暖人暖己

178 / 爱人者人爱之

180 / 诸恶莫作，众善奉行

第十二章
谦卑心：谦受益，满招损

185 / 不争才是最大的争

187 / 在其位，善谋其政

190 / 低头是一种智慧

192 / 位高不自居，功高不自傲

195 / 与贪婪断交，与清风做伴

198 / 礼让功劳，不露锋芒

201 / 在低潮时前进，在高潮时退出

第十三章
彻悟心：入世心做事，出世心做人

205 / 随性生活，顺其自然

208 / 从心所欲，不逾矩

211 / 以出世心境，做入世事业

214 / 同流世俗不合污，周旋尘境不流俗

217 / 三分能力，七分责任

220 / 生命不在于拥有，而在于有用

222 / 前半生不要怕，后半生不要悔

第一章　宽心：身安不如心安，屋宽不如心宽

欲修身，先养心

> 心即理也。天下又有心外之事，心外之理乎？
> ————王阳明

浮世之中，总有许多人为追求物质享受、社会地位和显赫名声等身外之物而心力交瘁，疲惫不堪。他们怨天尤人、欲逃离其中而不得，皆因忽略了自己的内心，不能明白万事以修心为先的道理。

王阳明认为，人心就是天理，世界上哪还有存在于人心之外的事物和道理呢？虽然"心外无物"的看法与唯物主义观点相悖，但王阳明关于从人的内心去寻求真理的看法，是有其道理的。古人云："相由心生。"意思是说，人的心思会呈现在其外在表征之中。如此推敲，人的言语、行为等外在表征，则多为其复杂内心的反映。按照王阳明所言，欲使人的言行举止符合一定的规范或是达到至善的境界，则要从其内心入手，而不是人心之外的事物。只有当内心达到了至善的境地，其外在的言行举止才能表现出善的一面。

贪泉，泉名，据史料记载，贪泉地处广州北郊30里的石门镇。传说人饮此水，便变得贪而无厌，故此得名。西晋时，朝廷派往广州的几任官员，差不多都以经济犯罪而被撤职查办，人们传说是因为他们喝了贪泉的水。后来，朝廷派去一位廉洁的名吏吴隐之任广州刺史，到任之日，他领随从来到贪泉边，从中取水而饮。随从劝他说："以往进入广州的官员都要饮上一杯，以示风雅，但是这些官员都贪赃枉法，爱钱如命，此泉水饮不得。"吴隐之问随从说："那些不喝泉水的老爷们是否清廉了呢？"随从说："还不是一丘之貉。"吴隐之连饮三瓢后动情地说："贪财与否，取决于人的品质，我今天喝了贪泉水，是否玷污了平时为官清廉的名声，请父老乡亲们拭目以待吧。"并赋诗一首："古人云此水，一歃怀千金。试使夷齐饮，终当不易心。"果然，他在任期间，为政清廉，并没有因为饮贪泉水而贪污，留下了饮"贪泉"而不贪的千古美谈。

贪与不贪，并不在于一泉，没有饮贪泉水的人，也会照贪不误。所以，贪泉只是那些贪污的人的一个挡箭牌。王勃在《滕王阁序》中说"酌贪泉而觉爽，处涸辙以犹欢"，一个人贪与不贪，在于自己内心的修养，而不在于外在的条件。

做人若问心无愧，坦坦荡荡，对于每天遇到的各种突如其来的状况，也能应对自如，而不会被其搅乱心情，也就可以傲视天下。在儒家先贤眼里，这是君子风范的标准之一。

王阳明用一生的经验总结出一句话："心"左右一切。做好事源于内心，做坏事也源于内心。心中所想会影响我们的行为，一颗平静而宽容的心能够令人体会到生活的快乐，一颗躁动而沉重的心则会令人陷入黑暗之中找不到方向。只有以修心为先，才能更通透地知晓世间的道理，才能更真切地把握为人处世之道。然而，对于身处纷繁世界中的大多数人而言，即便知道理应如此，要真正做到也并不容易，甚至要用一生的时间去琢磨。

其实，修心不是很大的难题，只要我们能够日日更新、时时自省，不断净化内心的污垢，就能摆脱俗事的困扰。

看破繁华，不动于气

> 圣人无善无恶，只是"无有作好，无有作恶"，不动于气。
> ——王阳明

孔子人生态度的一个重要方面，就是求心安。心若安定了，那外面的风吹雨打便都可看作过眼云烟。就其对儒家之"礼"的阐释——"礼，与其奢也，宁俭；丧，与其易也，宁戚"，可以看出，孔子认为礼节仪式与其奢侈繁杂，不如节俭，正如丧礼那样，与其在仪式上准备得隆重而周到，不如在心里沉痛地哀悼死者，因为心中之礼比其外在形式更重要。

求心安，即保持一颗安定、清净的心，不因外界的打击和诱惑而摇摆不定，不过于狂热地去追求心外之物。能够做到这一点并不容易，因为人的心境太容易受到外界的干扰。恶人受丑陋之心的牵引而做坏事，普通人也可能因为执着心、愧疚心等而使自己陷入痛苦，无法自拔。如果人对于外界的事情心有挂碍，并由此生出了懊恼、欢喜，那么这颗心就失去了它的本来面目。

王阳明的弟子薛侃曾向他请教："为何天地间的善难以培养，恶难以去除呢？"王阳明认为，因为心中有善恶之念，引发好恶之心，才导致为善或为恶。他在回答中举出"花草"的例子：当人们想赏花时，就认为花是好的而它周围的杂草是恶的，因为那些杂草影响了赏花的效果；而当人们要用到那些杂草时，则又认为它是善的。这样的善恶区别，都是由于人们的好恶之心而产生的，因此是错误的。王阳明指出，应该心中无善无恶。他所讲的无善无恶，与佛家所讲的不同。佛家只在无善无恶上下功夫而不管其他，便不能够将此道理用于治天下。而圣人所讲的无善无恶，是告诫世人不从自身私欲出发而产生好恶之心，不要随感情的发出而动了本心。

有一天，深山里来了两个陌生人。年长的仰头看看山，问路旁的一块石头："石头，这就是世上最高的山吗？""大概是的。"石头懒懒地答道。年长的没再说什么，就开始往上爬。年轻的对石头笑了笑，问："等我回来，你想要我给你带什么？"石头一愣，看着年轻人，说："如果你真的到了山顶，就把那一时刻你最不想要的东西给我，就行了。"

年轻人很奇怪，但也没多问，就跟着年长的人往上爬。斗转星移，不知过了多久，年轻人孤独地走下山来。

石头连忙问："你们到山顶了吗？"

年轻人答："是的。"

石头问："另一个人呢？"

年轻人答："他，永远不会回来了。"

石头一惊，问："为什么？"

年轻人答："唉，对于一个登山者来说，一生最大的愿望就是登上世上最高的山峰，但当他的愿望真的实现了，同时，也就没有了人生的目标，这就好比一匹好马的腿断了，活着与死，已经没有什么区别了。"

石头问："他……"

年轻人答："他从山崖上跳下去了。"

石头问："那你呢？"

年轻人答："我本来也要一起跳下去的，但我猛然想起答应过你，把我在山顶上最不想要的东西给你，看来，那就是我的生命。"

石头说："那你就来陪我吧！"

年轻人在路旁搭了个茅草屋，住了下来。人在山旁，日子过得虽然逍遥自在，却如白开水般没有味道。年轻人总是默默地看着山，在纸上胡乱画着。久而久之，纸上的线条渐渐清晰了，轮廓也明朗了。后来，年轻人成了一名画家，绘画界还宣称他是一颗耀眼的新星。接着，年轻人又开始了写作，不久，他就因他的文章回归自然的清秀隽永一举成名。

许多年过去了，昔日的年轻人已经成了老人，当他对着石头回想往事的时候，他觉得画画、写作其实没有什么两样。最后，他明白了一个道理：更高的山并不在人的身旁，而在人的心里，心中无我才能超越。

这位老人的境界不可谓不高。确实，更高的山在我们的心里，只有心中无我时，人才能攀越这座高山。人世间最可怕的不是做错事，而是心中动了歪念。倘若内心摇摆不定、狂热偏激，就会动歪念，就会继续做错事，这个时候就只有倒空了自己，才会发现虚无。

一位佛学大师曾说："心是最有反应、最有感觉的器官。我们看大自然的山川鸟兽、花开花落，我们看人生的生老病死、苦空无常，我们看世间的生住异灭、轮回流转等待，都会因心的触动而有喜、怒、哀、乐的表现。"世间的"风动和幡动"，其实都是因为心动罢了。

　　王阳明认为，无善无恶是静态时的表现，有善有恶是气动的表现。在起心动念间，如果我们自己的内心茫然，就会不知所住，甚至连自己究竟是对是错都分辨不清。因此，唯有秉持一颗安定、清净之心，才能将世情看破，身处繁华闹市而不为所动。

不忙不乱，不"焦"不躁

　　天地气机，元无一息之停。然有个主宰，故不先不后，不急不缓，虽千变万化，而主宰常定，人得此而生。……若无主宰，便只是这气奔放，如何不忙？

——王阳明

　　忙碌是现代社会中大多数人的一种生活状态。不幸的是，与身体的操劳相伴而来的，还有内心的忙乱急躁、焦虑不堪。所谓"身之主宰便是心"，倘若在忙碌的生活中不能给内心留一份悠闲，而使其烦恼与担忧，便更难在为人处世之时做到游刃有余，潇洒自在。

《传习录》中有这样一段记载：

崇一问："寻常意思多忙，有事固忙。无事亦忙，何也？"

先生曰："天地气机，元无一息之停。然有个主宰，故不先不后，不急不缓，虽千变万化，而主宰常定，人得此而生。若主宰定时，与天运一般不息，虽酬酢万变，常是从容自在，所谓'天君泰然，百体从令'。若无主宰，便只是这气奔放，如何不忙？"

欧阳崇一问："平时意念思想常常很忙乱，有事的时候固然会忙，无事的时候也忙，这是为什么呢？"王阳明回答说："世间万物的变化本来就没有瞬息的停止。然而有了一个主宰之后，变化就会有所依据，有秩序可言，虽然千变万化，但主宰是一成不变的，人有了这个主宰才能在瞬息万变的人世间生存。如果主宰恒定不变，就像天地运行一样永不停息，即使日理万机，却也从容自在，这就是所谓的'天君泰然，百体从令'。若没有主宰，便只有气在四处奔流，怎么会不忙呢？"

由此可知，要做到"虽酬酢万变，常是从容自在"，便要有一颗不忙不乱、不"焦"不躁的"主宰"之心。具体到人们的日常生活、工作中，就是要用心去体悟繁杂中的快乐，学会用一颗平静的心去享受忙碌的快乐。

现实当中有很多人，为了功名利禄而盲目地工作，以此来填充自己的人生。工作带来的种种压力，不断侵蚀着内心的安宁，让人倍感焦灼，于是渐渐地，人的身心就会陷入一种莫名的慌乱之中，完全理不清头绪。此时，唯有从内心闲下来，静下来，才能转变观念，学会把工作当作一种快乐的享受，而不仅仅是赚取金钱谋取地位的工具。如此，才不至于将人生变成炼狱。

如道家所言，将自己的心放到天地间，去体悟自我的渺小与天地的广大。与由人所构成的社会相比，包容天地万物的大自然，更能令人身心舒畅。自然可以开启人的心灵，陶冶人的情操，将自己的内心倾向自然，正如"智者乐水，仁者乐山"。当我们走进自然的怀抱，沐浴春风与阳光，尽览山河之宽广与博大，便会明白，那些长期困扰我们的身外之物，皆由一颗远离自然的心而起。当我们身处自然之中，便能够亲身感受大自然的博大，感受到万物的和谐，从而在大自然的安逸与恬静中把握心中那份从容与自在。

忙碌的生活虽然令人身心疲惫，但也可以充满乐趣，令人身心愉悦，关键在于你是否能够放慢心的脚步，让你的心松口气。正如攀登高山，若一心只想着登上顶峰，难免疲惫不堪；但若能静下心来，欣赏沿途赏心悦目的风光，那将是一种别样的感受，更是一种忙而不乱的人生。

人的内心既是一方广袤的天空，能够包容世间的一切；也是一片宁静的湖面，偶尔也会泛起阵阵涟漪；更是一片皑皑雪原，辉映出一个缤纷的世界。纵然世间的纷纷扰扰难以平息，生活的智者总能在心中留一江春水，淘洗忙碌的身躯，以一颗闲静淡泊之心，看庭前花开花落，望天上云卷云舒。

身处泥泞,遥看满山花开

世以不得第为耻,吾以不得第动心为耻。

——王阳明

人人都希望自己过上更好的生活,过得舒适快乐。然而,生活并不是一条康庄大道,更多的时候,是一条布满荆棘的崎岖小路。很多人在这条路上遇到了困难,不仅无法跨越,还会不自觉地陷入一个可悲的怪圈,把大量的时间放在抱怨上。

王阳明虽出身书香门第,富有才情,但是多次参加会试都没有上榜,在世人看来这是十分耻辱的事情。王阳明不以为然,却说:"世以不得第为耻,吾以不得第动心为耻。"在他看来,有上榜之事,就有落榜之事,不要过分在意。快乐还是痛苦,都是生活的一部分。只有调整心态,才能减轻痛苦,享受快乐。

苏轼的友人王定国有一名歌女,名叫柔奴。柔奴眉目娟丽,善于应对,其家世代居住京师,后王定国迁官岭南,柔奴随之,多年后,复随王定国还京。

苏轼拜访王定国时见到柔奴,问她:"岭南的风土应该不好吧?"不料,柔奴却答道:"此心安处,便是吾乡。"苏轼闻之,心有所感,遂填词一首,这首词的后半阕是:"万里归来颜愈少,微笑,笑时犹带岭梅香。试问岭南应不好?却道:此心安处是吾乡。"

　　在苏轼看来，偏远荒凉的岭南不是一个好地方，但柔奴能像生活在故乡京城一样处之安然。从岭南归来的柔奴，看上去似乎比以前更加年轻，笑容里仿佛带着岭南梅花的馨香，这便是随遇而安，并且是心灵之安的结果了。

　　"此心安处是吾乡"，无论在什么样的环境里均能安之若素，方可心无烦忧，一心做自己应做或爱做之事。即便身处泥泞之中仍能遥看满山花开。王阳明说："读书作文安能累人？人自累于得失耳。"不懂得身处泥泞之中而遥看山花烂漫的人，并非为泥泞所累，而是被自己的心态拖累。

　　有人问过一些饱受磨难的人是否总是感到痛苦和悲伤，有人答道："不是的，倒是很快乐，甚至今天我有时还因回忆它而快乐。"为什么会这样呢？因为他从心理上战胜了磨难，他从磨难中得到了生活的启示，他为此而快乐。换句话说，生活本来就是充满快乐的。

　　一个富人和一个穷人在一起谈论什么是快乐。

　　穷人说："快乐就是现在。"

　　富人望着穷人漏风的茅舍、破旧的衣着，轻蔑地说："这怎么能叫快乐呢？我的快乐可是百间豪宅、千名奴仆啊。"

　　一场大火把富人的百间豪宅烧得片瓦不留，奴仆们各奔东西。一夜之间，富人沦为乞丐。

　　炎炎夏日，汗流浃背的乞丐路过穷人的茅舍，想讨口水喝。穷人端来一大碗清凉的水，问他："你现在认为什么是快乐?"

乞丐眼巴巴地说:"幸福就是此时你手中的这碗水。"

生活有时候会显出它不公平的一面,使我们经历磨难。然而,那不过是生活中一点儿或酸或辣的调味品,如果只将目光集中在这里,生活反而会变得毫无希望。当我们遇到挫折的时候,多想想美好回忆中那些令人振奋的人和事;当我们消极倦怠的时候,多想想如何去解决而不是一味逃避。当我们将内心痛苦的负累转化为积极乐观的力量,便能在不幸的悲剧之中重新找到人生的幸福。

其实,每个人的生活都是一样的有苦有甜,不一样的是人们的心态。与其在埋怨中度过,不如转变心态。埋怨只能证明无奈,生活不相信懦弱。

心狭为祸之根,心旷为福之门

如今于凡忿懥等件,只是个物来顺应,不要着一分意思,便心体廓然大公,得其本体之正了。

——王阳明

心狭为祸之根,心旷为福之门。心胸狭隘的人,只会将自己局限在狭小的空间里,郁郁寡欢;而心胸宽广的人,他的世界会比别人更加开阔。

心胸狭隘之人,往往放不下对伤害过自己的人的怨恨。在生活中，很多人都曾因为情感纠葛、诽谤中伤或竞争对手的打击而深受伤害，心中的伤口久久不能愈合，耿耿于怀地痛恨着那些伤害过自己的人。其实，怨恨是一种极为被动的感情，不仅不能缓解心中的伤痛，大多数情况下也不能对对方造成影响，仅有的用处，便是伤害自己、折磨自己。怨恨就像一个不断扩大的肿瘤，挤压着生活中的快乐神经，使人们失去欢笑，整日愁容满面。更有甚者，因为放不下心中的怨恨，将报仇作为生存下去的唯一信念，最终只能香消玉殒，为怨恨陪葬。

《传习录》中记载，有人就"有所怨恨"一说向王阳明请教。王阳明指出："像怨恨等情绪，人的心中怎么会没有呢？只是一点儿也不可以有罢了。当人怨恨时，即使是多想了一点儿，怨恨也会过度，这样就不是心胸宽广无私了。因此，有所怨恨，心就难以保持正直。如今，对于怨恨等情绪，只要顺其自然，心中不存一分在意，那么心胸自然会宽广无私，从而实现本体的中正平和了。"

心胸狭隘之人，见不得别人比他好，猜忌心重，为芝麻绿豆大的小事都能折腾好几天，只因为触碰到了他的利益。与放下心中的怨恨的人相比，这样的人对自己的伤害更大。因为他的心胸狭隘，身边的人难以与之深交，基本的友好关系和信任感无法建立，除非靠强权压迫或金钱利诱，否则得不到半点儿发展的机会。历史上不乏由于昏君佞臣的猜忌而令无数功勋卓著的功臣走上断头台的例子。

心胸狭隘会给人带来无穷祸患，而心胸宽广则能解决人与人之间的纷争，慰藉心灵。无论是为了个人的身心健康，还是为了在纷繁复杂的现代社会中争取到发展的机会，都应以宽广的胸怀待人处世。只有时刻保持宽广的胸怀，心存一份豁达，才能放下怨恨，重拾笑颜；并能感受到他人对自己的尊重，共同进步。也许在你不经意的时候，心中的豁达就能为你带来意想不到的收获。

赵王有一个卫兵，名叫少室周。少室周力大无比，在一次比武大会上，有五个士兵攻击少室周一人，都被少室周摔倒在地。少室周因此得到赵王的赏识并被任命为贴身卫兵。

没过多久，一个叫徐子的人找上门要与少室周比试摔跤。摔跤的结果是，少室周连输三回。

少室周满面羞愧地将徐子带到赵王跟前，对赵王说："请您任用他当您的贴身卫兵吧。"

赵王很奇怪，问道："先生的勇武名震四方，很多人都想取代你，为什么你要推荐他呢？我并没有这样要求你呀！"

少室周回答道："您当年是看我力气大，才让我当贴身卫兵的。如今，有了比我力气大的人，如果我不推荐他，天下好汉会嘲笑我的。"

赵王很钦佩少室周的胸怀宽广，最后，让他们两人都当了自己的贴身侍卫。

豁达是一种修养，也是衡量一个人层次高低的标准。正所谓"牢骚太盛防肠断，风物长宜放眼量"。如果我们凡事都斤斤计较，终日锱铢必较，久而久之不但心胸变得狭窄，而且常常对别人产生嫉妒和愤恨,对于身心都是一种莫大的伤害。

只有敞开胸怀,才不会为俗世尘埃所扰,才能安心地关注当下,保证身心的纯净。只有做到待人处世不胡乱猜忌,面对摩擦和误会能放下心中的愤恨,心胸宽广坦荡,不以世俗荣辱为念,不为世俗荣辱所累,不为凡尘琐事所扰,不为痛苦烦闷所惊,才能包容万物、容纳太虚,才能活得轻松潇洒、舒心自在。

心有多大,世界就有多大。王阳明讲,不要着一分意思,就是说要开阔胸怀。在他看来这是一种宠辱不惊,笑看庭前花开花落的人生态度;是一种骤然临之而不惊,无故加之而不怒的智慧和淡定。天地何其广阔,只要拥有宽广的胸怀,我们便能在其中自由翱翔。

空心,才能容万物

圣人之所以为圣,只是其心纯乎天理,而无人欲之杂,犹精金之所以为精,但以其成色足而无铜铅之杂也。

——王阳明

王阳明曾言:"圣人之所以为圣,只是其心纯乎天理,而无人欲之杂,犹精金之所以为精,但以其成色足而无铜铅之杂也。人到纯乎天理方是圣,金到足色方是精。然圣人之才力亦有大小不同,犹金之分两有轻重……盖所以为精金者,在足色而不在分两；所以为圣者，在纯乎天理而不在才力也。故虽凡人而肯为学，使此心纯乎天理，则亦可为圣人，犹一两之金比之万镒，分两虽悬绝，而其到足色处可以无愧。"王阳明以纯金作比，意在说明圣人比凡人更高明的地方，不是他的才能，而是一颗只存天理而无贪嗔杂念的空明之心。

宇宙万物，因为虚空而含纳包容，所以能拥有日月星河的环绕；高山因为不拣择砂石草木，所以成其崇峻伟大。世人常说"海纳百川"，便是将"大海"作为浩瀚胸襟的形象代表。而人心的包容，是大海与高山都不能比的。所谓"心空"，即内心无外物羁绊。修养内心的最高境界，便是将心腾空，如此才能真正做到包容万物。

从内心深处摆脱周遭的羁绊，进入心无旁骛的至高境界，就是踏上了心灵的解脱之路，内心感受到的万物便会远远超过自己视线范围之内的一切。此时的内心，呈现的是一种空无的状态，也就是王阳明所说的空明之心。空，才能容万物。即便是人与人之间的交往，也需要给彼此一定的空间，才能畅所欲言、和平相处。与其用金钱权力、名誉地位将内心满满地填充，何不索性全部放下，将心腾空，使心获得自由和解脱呢？

因此，普通人若能学会抛开杂念，使内心纯净空明，那么，即便才能有高下之分，也同样可以成为圣人。

第二章　诚心：持纯粹心，做至诚人

真心着眼，敦本尚实

诚字有以工夫说者，诚是心之本体，求复其本体，便是思诚的工夫。

——王阳明

一次，王阳明到南镇游玩，一个朋友指着从石头缝里长出来的花问道："你说天下没有心外之物，那么这花自开自落，和我心有什么关系？"

王阳明回答说："你见到这花之前，花与你的心各自寂静；

你来看此花时，花进入你的内心，此花便在心头显现出来。便知此花不在你的心外。岩中花树对于心来说，其存在本身及其意义的被确认，在于花在人心中的显现。"

王阳明的这番话可以有很多种理解，而其中最为紧要的一点则是对于"心"的着眼。世间万象，其实都在于你是否用一颗"本心"去体验融会。在王阳明看来，这个本心就是真，真诚、真挚、真君子，抽取"真"，弄权耍奸，虚伪掩饰，只剩皮囊一副；抽取"真"，花开花谢无关己身，不知人事变迁，落得心眼两盲，终其一生，全无所得。

人心中有善有恶，有趋炎附势，有高洁自傲。唯其不真，所以才有"这万丈红尘，最难揣摩的就是人心"的说法。王阳明的全部学问就在于求"真心"以接"仁义"。简单地说，就是如果你没有一颗真挚实诚的心，就做不出善良敦厚的事。

一日，杨时、游酢来到嵩阳书院拜见程颐，正遇上程颐闭目养神，坐着假睡。程颐明知有两个客人来了，他却不言不动，不予理睬。杨、游二人也不愠不恼，只是恭恭敬敬地站在门口，肃然侍立，一声不吭等着他睁开眼来。

那天正是冬季很冷的一天，不知什么时候，开始下起雪来。门外积雪，有一尺多深。在雪中等了约有半天工夫，程颐才从睡榻上醒来，见了杨、游二人，装作一惊，说道："啊！啊！贤辈早在此乎！"而杨时和游酢并没有一丝疲倦和不耐烦的神情。

杨时、游酢二人"程门立雪"，只为学于高师、求善解，两人真心崇拜程颐的人品道德和学术修养，明知程颐是故意为之，却依然以礼相见。对他们来说，这是真心实意的行为，并非趋炎附势，所以内心坦荡而礼义周全，即是平常人之礼，其本质是诚心。

不敷衍、不做作、不逃避，能真实地袒露内心的人，往往最能打动人心，得到别人的谅解。然而，做人却很难永远保持这种心境。就好像刚出学校的年轻人，满怀希望和抱负。但是入世久了，挫折受多了，艰难困苦经历了，或者心染污了，变得有杂质了；或者本来很爽直的，变得不敢说话了；或者本来很坦白的，变得拐弯抹角了；或者本来有抱负的，变得很窝囊了。其实，只要我们每个人有自己独立的思想和修养，那么在任何复杂的世界、任何复杂的时代、任何复杂的环境里，都可以永远保持最初的心境，这就是王阳明说的"本心"。

一如动静互补是一种生命形态，本心为真亦是一种生命形态。王阳明常言："真，吾之好也。"佛家说世上只有两个人，一个人叫名，一个人叫利，照此讲来，我们不妨也可以这样说，世上只有两样事，一件为真，一件为假。求真必然务实，求假自然务虚，虚实之间，体现的不仅是对人的态度，更是对自己的认识。糊弄别人容易，糊弄自己很难。

保持本色,出以真情

无事时固是独知,有事时亦是独知。

——王阳明

泰山拔地而起,于是造就了它的雄伟;黄山吞云吐雾,于是成就了它的瑰丽;峨眉清幽秀美,于是展现了它的神奇——山因自己的个性而呈现千姿百态。雄也美,秀也美。万事万物,因有个性本真而美丽;芸芸众生,因有个性本真而永恒。

王阳明曾对他的学生黄弘纲说,无事时是独知,有事时也是独知。人如果只在人们关注的地方用功,那就是作假。因此,一个人在这个社会上生存,不要总希冀自己能够瞒天过海,还是以真示人,但求无违我心为好。

子路、曾晳、冉有、公西华坐在孔子身旁。孔子说:"不要认为我比你们年纪大,就不敢在我面前随便说话,你们平时总说:'没有人知道我呀!'如果有人想重用你们,那么你们打算怎么办呢?"

子路不假思索地回答说:"一个拥有一千辆兵车的国家,夹在大国之间,常受外国军队的侵犯,加上内部又有饥荒,如果让我去治理,三年工夫,就可以使人人勇敢善战,而且懂得做人的道理。"孔子听了,微微一笑,于是又问:"冉有,你怎么样？"

冉有回答说："一个纵横六七十里或者五六十里的国家，如果让我去治理，三年工夫，就可以使老百姓富足起来。至于修明礼乐，那就只得另请高明了。"

孔子又问："公西华，你怎么样？"

公西华回答说："我不敢夸口说能够做到怎样，只是愿意学习。在宗庙祭祀的工作中，或者在同别国的会盟中，我愿意穿着礼服，戴着礼帽，做一个小小的赞礼人。"

孔子接着问曾皙，这时曾皙弹瑟的声音逐渐慢了，接着铿的一声，放下瑟直起身子回答："我和他们三位的才能不一样呀！"孔子说："那有什么关系呢？不过是各自谈谈自己的志向罢了。"曾皙说："暮春时节，天气暖和，春天的衣服已经上身了。我愿意和五六位成年人、六七个青少年，到沂河里洗洗澡，在舞雩台上吹吹风，一路唱着歌儿回来。"

孔门这几位弟子的个性跃然纸上，子路的忠诚与勇敢、冉有的谨慎、公西华的谦虚、曾皙心灵的平静与淡然，都呼之欲出。个性就是一种特质，一种不因潮流而改变的东西，一种你有而别人没有的东西。只有坚持独属于自己的特性才是最美的。

明末清初大思想家王夫之在其书中曾强调，个人身处世间，不可"挟心而与天下游"，否则就会像"韩非知说之难，而以说诛。扬雄知白之不可守，而以玄死"。既然一个人不可"挟心而与天下游"，那就说明人生在世，要学会"以真示人"。但很多人都自认为聪明，可以骗得了天下人，其实，人的智慧相差无几，一个人的那点儿小小的伎俩怎么可能瞒得了其他人呢？

东晋时，王家是大家族，社会地位很高，因此当时的太尉郗鉴就想在王家挑选女婿。郗鉴这个女儿，才貌双全，郗鉴视如掌上明珠，这么一个宝贝女儿，一定要找个门当户对的人家。郗鉴觉得王家与自己情谊深厚，王家人又同朝为官，听说王家子嗣甚多，个个才貌俱佳。一天早朝后，郗鉴就把自己择婿的想法告诉了王丞相。王丞相说："那好啊，我家里子嗣很多，就由您到家里任意挑选吧。凡您相中的，不管是谁，我都同意。"郗鉴就命心腹管家带上重礼到了王丞相家。王府子弟听说郗太尉派人觅婿，都仔细打扮一番出来相见。寻来觅去，一数少了一人。王府管家便领着郗府管家来到东跨院的书房里，只见一个袒腹的青年仰卧在靠东墙的床上，似乎对太尉觅婿一事无动于衷。郗府管家回去向郗鉴报告："王家的少爷个个都好，他们听到相公要挑选女婿的消息后，个个都打扮得齐齐整整，装模作样，循规蹈矩，唯有东床上有一位公子，袒腹躺着，若无其事。"郗鉴说："那个人就是我要的好女婿！"于是马上派人再去打听，原来那人就是王羲之。郗鉴来到王府，见到王羲之既豁达又文雅，才貌双全，于是当场下了聘礼，择为快婿。

王羲之并不因有人来挑选女婿就刻意打扮自己，这就是显其真。

真正成功的人生，不在于成就的大小，而在于是否活出自我。走自己的路，让人们去说吧！不要把自己的人生交到别人的手中，不要被别人的评论左右，照自己的想法去过自己的人生吧！

伪装自己、改变自己只会丢失自己，这样自己便没有了存在的意义。王阳明提倡恢复心的本体，是告诉世人要保持最为本真的自己。每个人都是独一无二的，无须按照他人的眼光和标准来评判甚至约束自己，无须效仿他人，要相信自己，保持自我的本色，无须去寻求这样那样的机心，应以真心对待万事万物。事实上，只要我们在遵守团体规则的前提下能够保持自我本色，不人云亦云，不亦步亦趋，就能创造出属于自己的美好人生。

朴实的人生态度

诚意只是循天理。虽是循天理，亦着不得一分意。

——王阳明

王阳明认为世间本没有善恶之分，也就没有为善去恶之说。若真要弄出个善、恶来，也是存在于人心当中，遵循自然而发展就是善，为外物所扰、掺杂私欲就是恶。

所谓善恶，只不过是在周边环境影响下依据本性而产生的，有善恶之分的不是本性而是习惯。本性是一种内在的东西，平时可能感觉不到它的存在，但它在暗中操控着你。它决定着你的大部分习惯，决定着你的性格，甚至决定着你的人生。人生下来都很朴素、很自然，由于后天的教育、环境的影响，圆满的自然的人性被刻上了许多的花纹雕饰，原本的朴实被破坏了。其实，人不应该刻意雕琢自己本性的棱角，要保持住生命中最朴素的东西。

先秦时期，燕国寿陵地方有一位少年。这位少年不愁吃不愁穿，论长相也算得上中等人才，可他就是缺乏自信心，经常无缘无故地感到事事不如人，低人一等——衣服是人家的好，饭菜是人家的香，站相、坐相也是人家的高雅。他见什么学什么，学一样丢一样，虽然花样翻新，却始终不能做好一件事，不知道自己该是什么模样。

家里的人劝他改一改这个毛病，他以为是家里人管得太多。亲戚、邻居们，说他是狗熊掰棒子，他也根本听不进去。日久天长，他竟怀疑自己该不该这样走路，越看越觉得自己走路的姿势太笨、太丑了。

有一天，他在路上碰到几个人正在说笑，只听得有人说邯郸人走路姿势很美。他一听，对上了心病，急忙走上前去，想打听个明白。不料，那几个人看见他，一阵大笑之后扬长而去。

邯郸人走路的姿势究竟怎样美呢？他怎么也想象不出来。这成了他的心病。终于有一天，他瞒着家人，跑到遥远的邯郸学走路去了。

一到邯郸，他感到处处新鲜，简直令人眼花缭乱。看到小孩走路，他觉得活泼、美，学；看见老人走路，他觉得稳重，学；看到妇女走路，他觉得婀娜多姿，学。就这样，不过半月光景，他连走路也不会了，路费也花光了，只好爬着回去了。

这就是成语"邯郸学步"的来历，它所揭示的道理是生搬硬套，机械地模仿别人，不但学不到别人的长处，反而会把自己的优点和本领也丢掉。很多人过不上自己想要的生活，就希望自己成为别人，把自己想象成模仿中的人物，过着模仿的生活。其实每个人都有自己的本色，一味模仿别人，扭曲自己的本来面目，最终会失掉自己。

人需抛弃自私自利的贪图之心，如果人人皆能如此，便不会有作奸犯科的盗贼，不会有我们认为的大恶。

南怀瑾先生说，如果将绝圣弃智的观念归纳到生命理想中，便是"见素抱朴，少私寡欲"。"见"指见地，观念、思想谓之见；"素"乃纯洁、干净；"朴"是未经雕刻、质地优良的原木。见素抱朴正是圣人超凡脱俗的生命情操，佳质深藏，光华内敛，一切本自天成，没有后天人工的刻意造作。

孔子在《论语》中也说，"素"如一张白纸，毫不沾染任何颜色，人的思想观念要随时保持纯净无杂，即不思善、不思恶。心地胸襟，应该随时怀抱天然的朴素，以此态度来待人接物、处理事务。个人拥有这种修养，人生一世便是最大的幸福；如果人人持有这种生活态度，天下自然太平和谐。

优秀的东西就在人们自己身上，但是"大浪淘沙沙去尽，沙尽之时见真金",大多数人都在浮华过后才意识到本色的可贵。玉不琢,不成器,但有时,人应该成为拒绝雕琢的"原木",保留人性中单纯、善良、朴实的东西,不要让外在的雕饰破坏了自然的本质。一个人若能以本色示人,焕发本真个性,活出自己便是最美的。

清水芙蓉,纯然初心

心即理也。无私心即是当理,未当理便是私心。若析心与理言之,恐亦未善。

——王阳明

王阳明在回复顾东桥的来信时说,诚是心的本体,恢复心的本体,就是思诚的功夫。心的本体就是最本真,不矫揉造作,不过分修饰。就是永远保持"初心",不受外界环境影响,光明磊落、坦白纯洁。

"初心"是这个世界的原始本色,没有一点儿功利色彩。就像花儿的绽放,树枝的摇曳,风儿的低鸣,蟋蟀的轻唱。它们听凭内心的召唤,是本性使然,没有特别的理由。

诗人李白云:"清水出芙蓉,天然去雕饰。"如果一个人去除机心,还生活本来的面目,不刻意追求什么,他就能像李白诗中那朵出水的芙蓉一样,美丽、洁白而无瑕。

王阳明主张心就是理,二者本来就是一体的,除去人的私心，就是符合天理。对于这一点，人们很难认识到，或者即使认识到了也很难从心底接受，以至于总是执着于自己的一腔信念，却不知这个想法已经错了。这种自以为是的聪明，反而会成为算不清的糊涂账，倒不如像王阳明说的，去除杂质，于单纯中得正道。

聪明是一种先天的东西，人们总是羡慕聪明人的智商，殊不知这种表面的光芒不一定能令聪明人成功，在现实中也确实存在众多一事无成的聪明人。聪明这种天赋犹如水一样，可以载舟，也可以覆舟。

苏轼在其《洗儿》一诗中写道："人皆养子望聪明，我被聪明误一生。唯愿孩儿愚且鲁，无灾无难到公卿。"苏轼对于自己一生因聪明而受的苦真是刻骨铭心，以至于希望自己的儿子愚蠢一点儿，以躲避各种灾难。聪明本是天生禀赋，但机关算尽是人的痛苦之源，这正是聪明人苏轼对后来人的忠告。

才智也有困窘的时候，神灵也有考虑不到的地方。正所谓难得糊涂：聪明难，糊涂难，由聪明而转入糊涂更难。摒弃小聪明方才显示大智慧，除去矫饰的善行方能使自己真正回到自然的善性。

一个人若在机巧之路上迷途不返，就只会越走越远，就像追赶自己的影子，自己跑得越快，影子也跑得越快，永远没有追到的一天。因此，一个人若想拥有幸福快乐的人生，必须去除机巧之心，用"难得糊涂"的心态和真正的大智慧去面对生活中的点滴。

众所周知,在音乐的世界中,技巧很重要,但并不是最重要的,过多的花哨技巧只会减弱对情感的表达。人生也是如此,人人都玩弄聪明才智,只会让世界繁杂凌乱,绝圣弃智,才能朴实安然地生活。

我们存在于这个世界上,虽然由于各种各样的因素,不能完全去除机心,但也要尽量减少机心。去除机心,人就能保持内心的宁静,就能显现出天真烂漫的情怀。

君子养心莫善于诚

亿不信即非信也。

——王阳明

从古至今,诚信都是衡量人品的重要标尺。信是一个人的立身处世之本,如果不守信,也就失去了做人的基本条件。孔子把信与言、行、忠并列为教育的"四大科目",并把它与恭、宽、敏、惠一起列入"五大规范"之中。一个人,只有言而有信,才能得到他人的信任。

对于无法遵守诺言的人,王阳明一向持批评的态度。他认为与人交往时,事先就抱着怀疑的态度,臆想别人不相信自己,其实这就是不诚信的表现。只有淳朴、怀真情、讲真话、守信用的人才值得认同和欣赏。这种人,本性中最重要的便是"真"字,是至诚之人真实的写照。

诚信是一个人安身立命的基本准则,是与人交往的前提,唯有遵守对他人的承诺,他人才会将心交于你,并且团结在你的周围,给予你存世的支撑。倘若你历来以违背誓言为生活的基本准则,只为贪小便宜而处处失信于人,不但会失去朋友,还会失去你所拥有的一切,令自己变得孤立无援。

周幽王三年,褒国的奴隶主褒妁试图平息周褒之间的战争,将貌美非凡的褒姒献给了周幽王,史书上记载褒姒"目秀眉清,唇红齿白,发挽乌云,指排削玉,有如花如月之容,倾国倾城之貌"。幽王昏庸又荒淫无度,明眸皓齿的褒姒进宫以后自然集万千宠爱于一身,幽王立她为妃。

可那褒姒却因不习惯皇宫中的生活,且念养父为太子宜臼所杀,心中忧恨,平时很少露出笑容,偶有一笑,流盼生辉,幽王便心中甚喜,为了博得美人一笑,幽王于是下诏天下:诱褒姒一笑者,赏千金。

后来朝中的大奸臣虢石父便献出"烽火戏诸侯"的主意,幽王决意一试,遂命人点燃烽火。那时候,从边疆到国都,每隔一定距离修一个高土台,当有外敌侵犯的时候,日夜驻守在烽火台的兵士便点燃烽火,一路传递下去,诸侯国得到消息便会立即派兵来援助。

且说那烽火燃起后,褒姒看到带着兵马匆匆赶来的诸侯狼狈不堪的样子,忍不住笑了,幽王心里甚是痛快,又把这种让人愤怒的游戏重演了几遍。这游戏满足了幽王的要求,却终使幽王失信于朝中大臣,成了西周最终灭亡的直接原因。

幽王为讨褒姒欢心，便下令废黜王后申氏和太子宜臼，册封褒姒为后，褒姒生的儿子伯服为太子。王后的父亲申侯听后气愤不已，便联合缯侯及西北夷族西戎之兵，于公元前771年进攻镐京，幽王惊慌，命人点燃烽火，诸侯们却因以往多次被愚弄心生不满，又加之痛恨幽王的昏庸无道，无人救援，终于幽王被杀，褒姒被掳，西周灭亡。

"真""善""美"中"真"是为人的第一步。如果一个人待人虚伪而不真诚，终究难以给人留下好的印象。王阳明的"致良知"学说中就有包含真诚笃实的观点。人之言为信，言而无信则非人。如果连句真话都不讲，连个小小的承诺都不能实现，并且因失信对他人造成伤害，那么这个人无论做什么，别人都会敬而远之，唾弃其卑劣的人格，或者对他以牙还牙。最后此人终将孤立于世，郁郁寡欢、忧郁而终。

在日常生活中，许多人对自己要求不严，总觉得一些小事，即使做错了也没什么大不了，所以往往在不知不觉中失去诚信。生活就是这样的，你对它不诚实，它也会对你不诚实，总有一天，你会发现自己被生活"欺骗"，失去了原本应该得到的东西。

做一个有信义的人胜似做一个有名气的人。也许有一天，一个人会失去所拥有的地位、财富、权力，但是做人的信用不会被时间冲刷掉，它是无形的人生财富。时刻用诚信点缀自己的心灵，便能享受真实而惬意的生活。

至诚胜于至巧

惟天下之至诚，然后能立天下之大本。

——王阳明

我国著名翻译家傅雷说："一个人只要真诚，总能打动人，即使人家一时不了解，日后便会了解的。我一生做事，总是第一坦白，第二坦白，第三还是坦白，绕圈子、躲躲闪闪，反易叫人疑心。你要手段，倒不如光明正大，实话实说，只要态度诚恳、谦卑恭敬，无论如何人家不会对你怎么样的。"

所谓"精诚所至，金石为开"。假如我们没有诚意，就什么事情也做不好、做不成。王阳明认为"惟天下之至诚，然后能立天下之大本"。在他看来，"诚"是一个非常重要的字。做事情，总是有一个先后的顺序，在谈到格物致知和诚意时，王阳明说"若以诚意为主，去用格物致知的工夫，即工夫始有下落，即为善去恶无非是诚意的事"。必须先有诚意，然后才能在事物上格致，否则就会无从下手。所以，在做任何事情的时候，都要讲究一个"诚"字，而这个"诚"是发自内心的真诚、坦白。

《论语·公冶长》中孔子说，一个人讲一些虚妄的、好听的话；脸上表现出好看的、讨人喜欢的面孔；看起来对人很恭敬的样子，但不是真心的。这样的人活得未免太累了。

唐贞观初年,有人上书请求清除奸佞的臣子。唐太宗问他说:"我所任用的都是贤臣,你知道哪个是奸佞的臣子吗?"那人回答说:"臣在民间,不能确知哪个人是佞臣。请陛下假装发怒,以用来试验群臣,如果能不惧怕陛下的雷霆大怒,仍然直言进谏的,就是忠诚正直的人;如果顺随旨意,阿谀奉承的,就是奸邪谄媚的人。"

这个人的办法看来非常聪明,但是唐太宗对封德彝说:"流水的清浊,在于水源。国君是政令的发出者,就好比是水源,臣子百姓就好比是水。国君自身伪诈而要求臣子行为忠直,就好比水源浑浊却希望水流清澈一样,这是不合道理的。我常常因魏武帝曹操为人诡诈而特别鄙视他,如果我也这样,怎么能教化百姓?"

于是,唐太宗对上书劝谏的人说:"我想在天下伸张信义,不想用伪诈的方法破坏社会风气。你的方法虽然很好,不过我不能采用。"

不管对谁,都应诚心诚意,才能够得到别人的信任,而不是通过一些看似聪明的障眼法,来试探对方。因为这样做一方面有被识破的危险,如果这样的做法被别人利用,趁机表现,只会让自己陷入被动、是非颠倒的境地;另一方面,当自己都失去了诚意的时候,就不可能再要求别人真心实意。

事情成功与否,取决于有多大的诚意。真诚,乃为人的根本。如果你是一个真诚的人,人们就会了解你、相信你,无论在什么情况下,人们都知道你不会掩饰、不会推托,都知道你说的是实话，都乐于同你接近，因此也就容易获得好人缘。

以诚待人处世，才能够架起信任的桥梁，才能够消除猜疑、戒备的心理，才能够成大事，立大本。

第三章 进取心：立志由心，量力而行

志不立，天下无可成之事

志不立，天下无可成之事，虽百工技艺，未有不本于志者。

——王阳明

孟子说："天将降大任于是人也，必先苦其心志，劳其筋骨，饿其体肤，空乏其身，行拂乱其所为，所以动心忍性，增益其所不能。"自古以来，凡欲做大事者必先立志，志不坚则事必难成。

王阳明作为一代大儒，对立志与人生的关系，有着独到的见解，他说，一个人若是想做出一番事业，首先要立志，否则只会一事无成。不仅如此，即便是各种工匠技艺，也都是要靠坚定的意志才能学成。

确实如此。人们常说，一个人的理想往往决定了他的高度。燕雀焉知鸿鹄之志，鸿鹄是要像大鹏那样展翅翱翔于九天，尽收天下于眼中的；而燕雀不知道去千万里之远有何用，自然对自己能够触及榆树和枋树就已经心满意足了。如翱翔于九天之大鹏一般，王阳明从小便胸怀大志，要读书做圣贤之人。

有一次，年仅12岁的王阳明在书馆里问他的老师："何为第一等事？"老师回答说："唯读书登第耳。"王阳明竟持着怀疑的态度反驳道："登第恐未为第一等事。"老师反问他什么才是人生的头等大事。王阳明说："读书学圣贤耳。"

"读书做圣贤"这样大的志向正是出自少年王阳明之口，他认为登第做状元只是外在的成功，而读书做圣贤是追求内在的修养，才能够永垂不朽。在大人看来，王阳明这样的口气未免有些张狂，甚至和他的年纪一比较，还带着点儿滑稽可笑的味道。但是这崇高的志向，对王阳明以后的生活产生了深远的影响，在思考和实践的过程中，他常常以这个为标准来回答和解决生活当中出现的问题。

只要有了高远的志向，那么无论想成就什么事业都有了可能，所以立志是十分重要的。王阳明作为一位洞悉心灵奥秘、响彻古今中外的心学大师正是在自己志向的带动下才一步一步走向成功的。即便后来受到种种磨难,他也没有放弃。不只是王阳明,古往今来,每个有所成就的人物在努力奋斗的同时都会为自己树下远大的志向,告诉自己要去哪里。

班超是我国东汉时期杰出的军事家和外交家,他从小胸怀大志,不拘小节。汉明帝永平五年(62年),班超因哥哥被聘为校书郎,而随同母亲一起来到洛阳。因为他写得一手好字,便受官府的雇用,抄写文书,以此谋生。为了将这份工作做好,班超每天天不亮就起床,晚上直到很晚才睡。

当时,北方的匈奴时常侵犯汉朝边境,班超特别愤慨;同时,他又看到西域各国与汉朝的交往已断绝了50多年,心中非常忧虑。有一天,他正在抄写文件的时候,写着写着,觉得这份工作实在无聊,想到自己远大的志向,忍不住站起来,将笔狠狠地掷在地上,说:"大丈夫即便不能实现自己的理想,也应该像傅介子、张骞那样,为国家的外交做贡献,怎么可以在这种抄抄写写的小事中浪费生命呢!"周围的人听了这话都笑他,班超回应说:"凡夫俗子怎能理解志士仁人的襟怀呢?"于是,他决定"投笔从戎",去干一番大事业。

后来,他当上一名军官,率军在对匈奴的战争中取得胜利。接着,朝廷采取他的建议,派他带着数十人出使西域,重新打通了丝绸之路。他也由此成为我国历史上杰出的外交家,名垂青史,千古流芳。

班超投笔从戎,建立了千秋功业,正在于他没有满足抄抄写写、安稳度日。他把自己的境界和志向提升到一定的高度,才能有名垂青史的成就。可见，人生的志向对一个人是何等重要。

"大丈夫四海为家""好男儿志在四方"，都说明了人们对于志向的远大追求。不要隅居于自己的狭小天地之中，做一只井底的青蛙，而应该走出去，看看外面的大千世界，去关注天下苍生，站在一个更高的立场去看待世间万物，以一种更广阔的胸怀去面对自己的人生。只要在相信"天生我材必有用"的同时，努力使自己成为有用之才，那么远大的四方之志终会有实现的一天。

心之所想，力之所及

只念念要存天理，即是立志。能不忘乎此，久则自然心中凝聚，犹道家所谓"结圣胎"也。此天理之念常存，驯至于美大圣神，亦只从此一念存养扩充去耳。

——王阳明

王阳明作为宋明道学中"心学"一派的代表人物，强调个人的主体意识和自主精神。他认为，只要心中念念不忘存天理，就是立志。能不忘记这一点，久而久之心自然会凝聚在天理上，就像道家所说的"把凡胎修炼成圣胎"。如此将天理时刻铭记于心，逐渐达到宏大神圣的境界，正是从心中最初的意念开始，不断坚持并发展下去的。

"心之所想"虽然只是停留在脑海中的意识，看似虚无缥缈，却有着不可小觑的力量。王阳明所言的"念念要存天理"，就是用我们的意念影响我们的思维。当心存念想时，才能做到心无旁骛、专心致志；倘若心无所思，则难以排除杂念，陷入胡思乱想之中。

"心之所想"的力量远不止于此。在奋力追求成功的人生道路上，"想"成功是必不可少的前提条件。缺少这份"心之所想"的动力，抑或受外界干扰而无法将之坚持到底，则难以发挥潜在的能力，难以超越自我，挑战极限。

明朝后期是中国古代科学技术史上最灿烂辉煌的一段时间。那时出现了一位伟大的地理学家、探险家——徐霞客。

徐霞客自幼聪明好学，喜欢读历史、地理、游记之类的书籍，还立志成人之后遍游祖国的大好山川。

但是父亲去世后，母亲无人照顾，徐霞客的游览计划被打断，终日闷闷不乐。母亲看出了他的心思，对他说："男儿志在四方，哪能为我留在家里。"母亲的支持，坚定了徐霞客远游的决心。

徐霞客有了勇气和力量，便辞别母亲游历他乡了。他先后游历了太湖、洞庭湖、天台山、雁荡山、泰山、武夷山和北方的五台山、恒山等名胜，并且记录下了各地的奇风异俗和游历中的惊险情景。

几年后，徐母去世，徐霞客把他的全部精力放在游历考察事业上。他跋山涉水，到过许多人迹罕至的地方，攀登悬崖峭壁，考察奇峰异洞。

　　在湖南茶陵，徐霞客听说这里有一个深不可测的麻叶洞，便决心去探访。可当地人说洞里有神龙和妖精，没有法术的人不能进去。刚走到洞口，向导得知徐霞客不会法术，就吓得丢下他跑了出去。徐霞客毫不动摇，独自手持火把进洞探险。当他游完岩洞出来的时候，等候在洞外的当地群众纷纷向他鞠躬跪拜，把他看成有大法术的神人。

　　徐霞客白天进行实地考察，晚上就借着篝火记录当天的见闻。30多年里，他走遍祖国南北，对走过的地方之地理、地质、地貌、水文、气候、植物做了深入细致的调查研究，并用日记体裁进行详细、科学的记录。就这样，他写下了闻名世界的《徐霞客游记》。

　　很多人虽然都心有所想，却很少有人为了愿望而坚持不懈地努力下去，也很少有人为了一个目标而坚定地执行下去。因为总是会有来自外界各种各样的干扰。我们每个人都向往成功，但是心有所想的同时需要排除外界的干扰，需要在心里不断地提醒自己，不断地想着朝目标前进。虽然当我们想着"下次考试提高20分""一个月减肥10公斤""毕业后就要买房"的时候，自己都不太相信，因为身边已经有无数的人这么想，却同样有无数的人无法实现。倘若就这样气馁了、放弃了，那我们距离成功将越来越遥远。相反，要相信自己的心之所想，清楚地告诉自己想要的是什么，并为之而努力奋斗。只有时刻保持这种"想要"的念头，才能彻底抛开所有阻挠它实现的因素。最后我们会发现，所有的"我想"，都变成了"我要""我一定"。想都不敢想的事情，未必就是我们无法做到的事情。大胆地坚持心之所想，方知自己的潜力有多大。

正如放风筝。风筝能飞多远，关键在于手中的线有多长。如果线断了，再好的风筝也飞不起来。我们想要成功的心，就是牵着风筝的线，不要让线在风筝飞上云端之前断掉，更不要在"心想事成"之前放弃最初的念想。成功不仅需要奋力拼搏，更需要一份坚持不懈的动力。坚持心之所想，最终将成为力之所及。

志当存高远，路从脚下行

譬之树木，这诚孝的心便是根，许多条件便是枝叶，须先有根，然后有枝叶，不是先寻了枝叶，然后去种根。

——王阳明

王阳明和同辈人不一样，他从小立志要做圣人，也就是去探究宇宙人生的奥秘。为此，他习读百家书，曾遵从朱熹的"格物致知"去格万物，从陆九渊那里找到了圣人之道，还领悟出了"知行合一"的道理。

他的哲学不仅可以用于政治，比如扳倒严嵩的徐阶就是受其影响；也可以用于军事，比如他自己就多次平定叛乱。一介文人，作战百无一失，在中国历史上是极其罕见的，而他所做的，只是一直在修养自己。一旦"火候"到了，就如同鱼跃龙门，化身为龙，自由地游走在天地之间，无往而不利。

志向对于人来说，其实是未来行为举止的驱动力，没有志向的人如同旋转的陀螺，不知道停下的位置在哪里。正如先贤孔子所说："志于道，据于德，依于仁，游于艺。"意思是说，将天地道义的实现作为自己终生奋斗的目标，然后用道德的标尺来约束自己，以仁义作为自己处世的原则，同时要学习六艺来丰富生活。道德之性、仁爱之心、六艺之才，是实现人生目标必不可少的重要条件。而其中最重要的前提便是树立高远的志向，以志向来引导前进的方向。

秦朝丞相李斯年少时跟随荀子念书。由于家境贫寒，经常食不果腹。一日，李斯在厕所里看到粪坑中的老鼠，又小又瘦，一见到人就惊慌逃窜。过了几日，李斯去米仓盛米，看到一只老鼠在米仓中偷米吃。这只老鼠又肥又大，见着李斯不但不逃跑，反而瞪着眼很神气地看着他。李斯觉得很奇怪：为什么厕所中的老鼠见着我就拼命地逃跑，而这只老鼠见着我不但不逃跑，反而敢瞪我呢？

李斯陷入沉思，反复琢磨两只老鼠间的差异，终于悟出了一个道理：又小又瘦、见人就逃的粪坑老鼠，是没本事、被欺负惯了的老鼠；而又肥又大、见人不避的米仓老鼠，认为自己很有本事，所以敢见人不避，目空一切。李斯突然觉得，现在的自己就像厕所里的那只小老鼠，非常可怜。于是，李斯暗暗发誓：做人也要如此，要做就做米仓中的大老鼠，绝不做那可怜的粪坑老鼠，不但吃不饱，还备受欺负！

悟出这个道理之后，李斯便告诉荀子自己不读书了。荀子问他不读书要去做什么，李斯说要去游说诸侯，求得功名富贵。就这样，李斯半途荒废了学业，开始追求富贵功名。后来，李斯得到秦始皇的信任，当上了秦朝丞相。他在为人处世中处处奉行"老鼠哲学"——仰仗秦始皇的信任和自己的地位，打击陷害异己忠良，贪赃枉法，肆无忌惮。秦始皇死后，李斯便落了个满门抄斩的悲惨结局。

米仓中的老鼠激励李斯立下了人生的大志，但是"老鼠哲学"又让李斯一败涂地。"据于德，依于仁，游于艺"固然重要，但人生全部的努力及其方向，更多源于我们确立的志向。诚如王阳明所言："譬之树木，这诚孝的心便是根，许多条件便是枝叶。须先有根，然后有枝叶。不是先寻了枝叶，然后去种根。"确立志向之时，倘若其心不正，则容易失之偏颇，惨淡收场；其志不高，则容易碌碌无为，一事无成。

然而，高远的志向只是心之所向的念想，如何将之付诸实践呢？对于这个问题，不同的人会做出不同的选择。而最典型的莫过于"依于仁""游于艺"，抑或徘徊于二者之间。

苏轼与佛印结伴出游，看到一个木匠在做墨盒，于是即兴对诗。佛印曰："吾有两间房，一间赁与转轮王，有时放出一线路，天下邪魔不敢当。"苏轼淡然一笑，对曰："吾有一张琴，五条丝弦藏在腹，有时将来马上弹，尽出天下无声曲。"

同样一根线，苏轼与佛印看出了不同的人生哲理。佛印说的是眼前所见的墨盒里的线，用的时候要拉出来，非常直，就像为人处世所坚持的原则和底线，天下邪魔看到这样的正直品行都不敢靠近。他强调正直的人品和操守对实现人生目标的重要性。再看苏轼所言：我也有丝弦，不过不像墨盒的线那样要拉出来，而是藏在我心中。苏轼用弹奏只有自己能够明白的天籁来比喻他的人生——追求自由自在的欢愉。

上述二人不同的人生态度分别代表了中国文人人格理想上的两个支点："仁"是嘈杂世界中生命自我选择与坚持的力量；而"艺"是令我们心神荡漾、触目生春的欢愉。这两点之于生活，就如阳光雨露之于草木，缺一不可。然而最为重要的，还在于"志于道"。王阳明高度强调道德的自我完成，在他看来，凡墙都可以是门，只有树立远大的抱负，循着高尚而伟大的理想之路从心头做起，才不至于鼠目寸光，荒废一生。

人贵有自知之明

后儒不明圣学，不知就自己心地良知良能上体认扩充，却去求知其所不知，求能其所不能，一味只是希高慕大，不知自己是桀、纣心地，动辄要做尧、舜事业，如何做得？

——王阳明

《传习录》中有这样一段记载：一对父子发生争执，互相控诉对方，想请王阳明为其评理。王阳明听他俩说完之后，对他俩如此说了一番，话未说完，父子俩就抱头痛哭，冰释前嫌而离去。弟子们都很好奇，问先生："您对他们说了什么，令他们这么快就有所感悟了？"王阳明说："我对他们说，舜是世间最不孝的儿子，而舜的父亲瞽叟是世间最慈爱的父亲。"弟子们愕然，继续请教先生。王阳明解释说："因为舜常常认为自己不够孝顺，所以他能做到至孝；而他的父亲瞽叟常常以为自己已经非常慈爱了，所以做不到真正的慈爱。瞽叟只想着舜是他从小养大的，今天凭什么不能取悦我、让我高兴？他不知道自己的心已受后妻的影响改变了，还自以为对舜慈爱，所以就越不慈爱；而舜只想着父亲在他小时候是多么爱他，今日不爱他是因为他不够孝顺，于是他每天反省自己不够孝顺的地方，因此就越来越孝顺。"

众所周知，舜是中国古代有名的孝子。王阳明之所以说舜是世间最不孝的儿子，是为了让那对互相控诉的父子明白，做人要有自知之明，要学会从自己身上找原因，而不是一味责怪他人。

人贵有自知之明，但自知的获得，又谈何容易！只有经历暴风骤雨的洗礼、雪压霜欺的磨砺，在无数次的跌倒中爬起，才能够找到真实的自我，才能够正确面对自己的对与错、美与丑、善与恶，从内心做到不怨天尤人，真正认识自己，再通过不断修补与完善，向更加完美的人生靠近。可见，自知之明的"贵"字何其不易！

自以为自知同真正自知不同。自以为了解自己是大多数人容易犯的毛病，真正了解自己的人少之又少。人生如秤，对自己的评价轻了容易自卑，重了则容易自大；只有准确把握，才能实事求是、恰如其分地感知自我，完善自我。自知无知才求知，自知无畏才拼搏。倘若连自己擅长什么、欠缺什么都不知道，又何谈奋力拼搏、努力改进呢？因此，有人说自知之明是比才能更罕见、更优美、更珍奇的东西，它总是在无边的黑夜中熠熠生辉，为不同的人生指引正确的方向。有了自知之明，才能在深浅之间权宜做人。

理发师有一把刮脸刀，它不仅十分漂亮，而且工作出色。有一段时间，理发师因事外出，理发店里没有顾客光顾了，刮脸刀闲得无聊，突然想要出去见见世面，并在众人面前展示一下自己。

刮脸刀刚迈出门槛，太阳光射进来，在它的刀刃上闪出耀眼的光芒。这光芒使它非常得意，觉得自己很了不起。

经历了如此华丽的场面，刮脸刀已经不愿意再回到理发店去为理发师服务了。"那破旧的小小理发店，怎能配得上我这锋利的刀刃呢？我得找个僻静的角落躲藏起来，让那个讨厌的理发师再也找不到我。"

从此，理发师再也见不到这把刮脸刀的踪影了。

几个月过去，多雨的季节来临了。躲藏已久的刮脸刀决定出来透透气，却没想到在它跳出刀鞘时被雨水浸得锈迹斑斑了。

刮脸刀知道自己错了，它悔恨地痛哭："我为什么忍受不住诱惑呢？善良的理发师照顾我、保养我，他曾为我的劳动充满自豪！可现在，一切都失去了，我的刀锋生出令人厌恶的锈斑。"

一把刮脸刀反映出了缺乏自知之明的特征与命运。

有自知之明才能让我们明晓得失、看清自己、摆正位置，去做力所能及的事情。王阳明说，不知道从自己内心的良知良能上去体认扩充，却去强求他所不能知道的事，强求他所不能做到的事，一味只是希高慕大，不知道自己是桀、纣那样的心地，又如何能成就像尧、舜那样的事业呢？

人生的旅途有千百条路，是选择距离较远的平坦大道，还是近在咫尺的崎岖山路，因人而异。"成名成家"固然风光，但绝不是每一个人都能够实现的，"心想事成"有时候不过是美好的愿望罢了。对于大多数人而言，平淡快乐的生活比功成名就更有意义。无论是能力上还是思想上的力所不及，都有可

47

能使人陷入理想与现实之间那道永远不可逾越的鸿沟。自知之明的可贵之处，便在于它能指导人们量力而行，选择一条适合自己的人生道路。

第四章　道德心：小赢靠智，大赢靠德

君子如玉亦如铁

名与实对，务实之心重一分，则务名之心轻一分。全是务实之心，即全无务名之心。若务实之心如饥之求食，渴之求饮，安得更有工夫好名？

——王阳明

王阳明出身于官宦世家，自幼受到良好的教育，并以读圣贤书，修身、齐家、治国、平天下为己任。为官期间屡立战功，政治声望不断提高，然而他的仕途却非常坎坷。

由于不满太监刘瑾把持朝政、恣意妄为，许多正直的官员上书正德皇帝，要求严惩刘瑾及其党羽，结果被打入死牢。时任兵部主事的王阳明站出来为他们辩护，委婉地请求皇帝释放众人。刘瑾当即下令将王阳明谪迁至贵州龙场，做一个没有品级的驿丞。不仅如此，他还暗中派人尾随王阳明，准备在赴任途中将他害死。

王阳明在钱塘江边遇到杀手，急中生智，乘夜色跳入江水，逃过一劫。虽然如此，但为了家人的安全，王阳明不得不继续前往贵州赴任。

刘瑾倒台后，王阳明被重新起用，但又因平定宁王朱宸濠叛乱而惹怒龙颜，不但没有得到皇帝的嘉奖，反而招来横祸。他的仕途再次陷入低谷。

一年之后，正德皇帝驾崩，嘉靖皇帝登基。王阳明被任命为南京兵部尚书，仅仅是一个闲职，无大事可为。

王阳明的一生历经坎坷，但他始终没有气馁，不断探索人生的真谛，努力不懈地完善和传播他的思想，最终成为一代"心学"大师。

王阳明既能以德修心，注重自身道德修养，以开阔的胸襟包容万物；又能在坎坷的人生道路上铁骨铮铮，不畏权贵，毅然坚持自己的理想，不愧为如玉亦如铁的君子。

"谦谦如玉，铮铮若铁"，是孔孟儒家思想中对君子人格的最高评价。"谦谦君子，温润如玉"，以玉喻君子，取其圆润、不尖锐之意。佛家的"圆融"境界，要求戒嗔、戒痴、戒贪，无欲无求，而后能不动声色、不滞于心。谦谦君子的圆润亦同此理。虽然成佛修仙遥不可及，但磨去棱角，收敛光华，养成谦谦如玉的君子人格却是可为之事。具有容人之量是谦谦君子的前提，开阔的胸怀、宽广的胸襟，是谦谦君子的基本品质。

"铮铮若铁"，突出君子人格中铁骨铮铮的特质，就像一树寒梅，挺立在风雪中，傲然绽放。拥有此等品质的人，敢于仗义执言，绝不妥协；不油滑，不世故，不屈不挠；有志气，有勇气，有胆有识。他们立世一尘不染，对人一片冰心，一箪食，一瓢饮，却敢于承担一切苦难。正如古诗所云："冰雪林中着此身，不同桃李混芳尘。忽然一夜清香发，散作乾坤万里春。"

王阳明曾言："名与实对，务实之心重一分，则务名之心轻一分。全是务实之心，即全无务名之心。若务实之心如饥之求食，渴之求饮，安得更有工夫好名？"圆润如玉方能名实并重，铮铮铁骨力保务实而不受沽名钓誉之心所扰。

"谦谦如玉"与"铮铮若铁"，从不同侧面展现了君子人格的两种特质。要想在现实生活中成就一番事业，应当像王阳明那样，讲究方圆之道，既养铮铮铁骨的一身正气，处世有底线，为人讲原则；又取谦谦如玉的圆融为人，包容四方。如此，才能在熙熙攘攘的人世间游刃有余，成其大事，为后世所传颂。无论朗朗乾坤，抑或滔滔浊世，于我又有何妨！

养一身浩然正气

故曰是集义所生者，胜得容易，便是大贤。

——王阳明

王阳明奉旨前往广西平乱，抵达之后，他了解到汉族官兵与少数民族之间的矛盾是引起当地少数民族起义的原因。王阳明认为如果以武力进行压迫，可能会使双方的矛盾越积越深，这样冤冤相报何时才能了。于是，王阳明开始寻找机会，想要缓解双方的矛盾。

这个时候，王阳明获知起义首领哈吉的母亲卧病在床。王阳明赶紧派跟随自己的医生去给哈吉的母亲看病。不出几日，在医生的治疗下，哈吉的母亲能够下床走路了。但是出于双方是敌对关系，哈吉并没有过多的表示。之后，哈吉从医生的口中听说了王阳明的为人，而且得知用来医治母亲病的药都是王阳明本人所必需的。王阳明在哈吉心中的好印象大为加深。

随后，王阳明给哈吉写了一封信，实事求是、诚恳谦虚地劝哈吉要从大局出发，和睦相处。哈吉早已被王阳明高尚的人格折服，这封信正好说到了他的心坎儿里。就这样，王阳明未用一兵一卒，只是动之以情，晓之以理，便解决了叛乱问题。

孟子说养气修心之道，虽爱好其事，但一曝十寒，不能专一修养，只能算是知道有此一善而已；必须在自己的身心上有了效验，才算有了证验的信息；进而由"充实之谓美"直到"圣而不可知之谓神"，才算是"吾善养吾浩然之气"的成功。

何谓浩然之气？一谓至大至刚的昂扬正气，二谓以天下为己任、担当道义、无所畏惧的勇气，三谓君子挺立于天地之间无所偏私的光明磊落之气。浩然正气便是由这昂扬之气、大无畏的勇气以及光明磊落之气所构成。有些人表面上很魁伟，但与之相处久了就觉得其猥琐不堪；有些人毫不起眼，默默无闻，却能让人在他们的平淡中领略到山高海深的浩然之气。正是因为后者具有正直如山的品质，才能让人感受到其一身正气。

古今之成大事者，心中都有大气象。正是"笑览风云动，睥睨大国轻"，"俯仰天地之气概"，"力拔山兮气盖世"，乃浩然之气也。

诸葛亮等文人志士则体现为"名士风流"。三国时期的诸葛亮，羽扇纶巾，貌似轻松淡定、潇洒自如，实则神机妙算、运筹帷幄。西晋开国元勋羊祜，平日一副洒脱打扮，飘逸十足，甚至在打仗的时候，仍不失其雍雅的风度。魏晋名士大多旷达风流，放任自流，毫不矫揉造作，痛快淋漓。

不管是英雄本色，还是名士风流，都具备孟子所说的"浩然之气"。"其为气也，至大至刚，以直养而无害，则塞于天地之间。其为气也，配义与道；无是，馁也。是集义所生者，非义袭而取之也。"有志之士当养浩然之气，大者壮我泱泱中华之神威，小者在为人处世中光明磊落、至情至性。

养浩然之气并非易事。《孟子》中有言："是集义所生者，非义袭而取之也。"在孟子看来，浩然之气是正义的念头日积月累所产生的，不是凭一时的正义行为就能得到的。关于"集义"，王阳明认为，做每一件事都应符合良知的要求，这样才能使心中的浩然之气壮大起来，再遇到其他事情就更能以良知为指导，从而达到"从心所欲不逾矩"的中庸境界。由此看来，要养浩然之气，就要做正直之人，诚实地对待生活中的每一件小事，日积月累，不断壮大。

浩然之气是人的精神"脊梁"，是抵御歪风邪气的"屏障"。之气长存，则邪气却步、阴霾不侵；正气长存，则清风浩荡，乾坤朗朗。要保持浩然之气，就必须"一日三省吾身"，做到自重、自省、自警、自励，时时处处以激浊扬清、弘扬正气为己任，使之气日盛，邪气渐消，引领整个社会不断走向正义和文明。此乃君子之道也。

顶天立地，刚正不阿

岂有邪鬼能迷正人乎！

——王阳明

正德皇帝朱厚照登基之后，整日与刘瑾等宦官混在一起，不理朝政。朝中忠臣不断规劝皇帝将精力放在处理国家大事上，皇帝并没有理会。随着朝政的逐渐混乱，以及刘瑾等人越来越专横跋扈，朝中很多大臣联名上书，要求惩治刘瑾等人的恶行，以此稳定政局，维护大明江山。

联名上书并没有惩治到恶势力，刘瑾安稳住皇帝之后，利用手中大权抓捕了这些上书要求惩治他的大臣。当时很多正直的官员得知这个消息之后，纷纷上书为这些官员打抱不平。但是，这些上书反而激化了刘瑾的报复行动，更多上书的官员被革职、被抓捕、被杀害。朝廷上下，乌烟瘴气，人心惶惶，很多官员为了保命都选择了缄默。

当时的王阳明任兵部主事一职，官位并不高。但是看到越来越多的官员被打压，敢说话的官员也变得胆怯，满朝文武都闭口不言，王阳明挺身而出，为受冤官员说话。

刘瑾等人见一个小小的兵部主事竟敢这样明目张胆地同他们作对，于是，将王阳明逮捕并关进锦衣卫的大牢，最后，处以廷杖之罚。

王阳明在危难关头不畏强权，坚持正义的行为表现了他崇高的品德和高尚的人格。自古大丈夫者，胸怀大志，腹有良谋，包藏宇宙之机，吞吐天地之志，创不世之基业，立不世之奇功。真正的大丈夫，其标准之高，让当今之人望而却步。然而，"大丈夫"贵在其自身的道德修养。堪称"大丈夫"之人，必有一身大无畏的气概，敢于面对生与死的考验，勇于做出一番惊天动地的壮举。

文天祥面对死亡，潇洒题下"人生自古谁无死？留取丹心照汗青"；谭嗣同在被押赴刑场之前，壮烈地写下"我自横刀向天笑,去留肝胆两昆仑"。如此情怀,壮烈豪迈,气冲霄汉,令人敬佩不已。

堪称大丈夫之人,必有顶天立地、刚正不阿之品质。王阳明有言:"岂有邪鬼能迷正人乎!"刚正不阿之人,即便是邪恶鬼神也不能使其心智迷乱,如此才能直面残酷的现实,即使身心受创,仍能愤然而起,成就一番事业。

黄宗羲在《宋元学案》中说:"大丈夫行事,论是非,不论利害;论顺逆,不论成败;论万世,不论一生。"大丈夫之所以能"论是非、论顺逆、论万世",是因为在其心中万事以"仁义"为先,以道德为本。

正所谓:"玉可碎,而不可改其坚;兰可移,而不可减其馨!"只有具备"玉碎而志不改"的坚毅品质,才能成为顶天立地的大丈夫,才能经受住风霜雨雪的磨炼而成就人生大业。

好德如好色

公且先去理会自己性情,须能尽人之性,然后能尽物之性。

——王阳明

子曰:"吾未见好德如好色者也。"好德如好色是王阳明最爱作的比喻,孔子说从来没有见过好德如好色之人,王阳明则期望人们能像喜欢漂亮的姑娘那样追求美德,将美德作为人类一种本性的东西自然而然地表现出来。

很多人一听到"色"就会联想到一些不好的方面。其实，"色"是万物生灵所共有的一种美，"好色"更是人的审美本性，不必视之为万恶之源。从文献记载可知，"好色"并非贬义词，只是到了近代，随着社会文化现象的转变而发生了语义上的偏离。孟子曾说："人少，则慕父母，知好色，则慕少艾，有妻子，则慕妻子；仕则慕君，不得于君则热中。"意思是说，人在年幼时爱慕父母，成年之后爱慕少女，有了妻子则爱慕妻子，走上仕途为官则忠于君主。"知好色"代表了一个相对于幼年的成熟时期，在这个时期年轻人开始知道喜欢异性。即便是在现代社会，"好色"也是一个人生理和心理上正常而健康的倾向。人不近色，则人性失；人性失，则不能为人。孔子言"好德如好色"，也就是肯定了"好色"是人们应该有的行为倾向。

既然"好色"是人之本性，其所固有的不以外界条件为转移的特性，正是好德之人应该努力做到的。要做到"好德如好色"，就必须将美好的品德根植于心，才能使之如人之本性那样自然地流露出来。否则，仅仅囿于思想中的品德就算再美好，也无法影响我们的行为，无法使我们成为真正具备美好品德的人。

明朝的时候有一个农人，一年四季辛苦耕作，每年都能获得丰收，因为这个原因，在这个农人生活的村子里，很多人一天只能吃两顿饭，他家却能顿顿饱餐，这让村里的人很是羡慕，因为家有余粮，于是农人用一部分粮食当作学费，让自己的儿子上了私塾。自此以后,农人见到谁都显得非常开心,经常对村里的人说:"人活一世,不就是吃饭养家识字,做个好人嘛。现在这几样我家都做得差不多了。以后你们有什么要我做的,尽管开口,乡里乡亲的,我一定帮忙。"

半年后,这个农人的兄弟家遭了灾,离家来投奔这个农人,农人让他的兄弟先住在年久失修的祖居,说过一阵子给他建个新房,然后搬过去。他的兄弟听后很高兴,逢人便夸自己的兄长如何对自己好。为了表达感谢,农人的兄弟抢着干农活儿,无论做什么都很勤快,渐渐地,农人自己不动手了,家里有什么事都让他的兄弟去做。

就这样三个月过去了,这个农人说的新房迟迟不见动静,他的兄弟有些等不及了,思来想去,他硬着头皮跟农人讲起了房子的事情。听完自己兄弟的话,农人沉默了一会儿,对他说:"这个事情啊,我还真给忘了,你放心,自家兄弟的事我一定会说到做到的。"

第二天,农人的兄弟走在田埂上,有人问他房子造得怎么样了,他红着脸说不出话来,仿佛是自己做错了什么事一样。当冬天来临之际,他还住在四处透风的祖居里,而他的兄长正在温暖的家中喝着自酿的米酒。次日一早,他没有跟农人打招呼,就离开了村子。

没过多久,村里人便知道了这件事,他们在农人的背后议论纷纷,有的人说:"还说什么有事尽管向他开口,你看到没,这种人,对自己兄弟都这样,我们还有什么好说的,我看哪，还是离他远点儿吧。"从此以后，再也没有人理睬农人，甚至农人一家都成了全村唾弃的对象。

说好的做不到，实际上是心里根本没有想过要给自己的兄弟盖房，行由心生，由此可见，这个农人到底是怎样一个人。

儒家专注的是"内外皆美"的生命志趣，不念旧恶，君子怀德是美，居处恭，执事敬，与人忠是美，当仁不让更是一种美。这种美在王阳明看来其实就是根植于内心的道德感使然，行动起于心智，倘若内心缺少道德的约束，只会说漂亮话，而无真行动，那么其行为可以想到是"巧言令色，鲜矣仁"，对其不能有太多的奢望。

如果说"好色"是人内心天然生成的一种本能反应，那么，"好德"就是一种经过教化之后能够自然流露的理性反应。好德之人对美好品德的追求发自内心，自然能够在其言行举止中表现出来，并且不易受到外界因素的干扰。相反，那些只会将仁义道德挂在嘴边的人，一旦受到金钱权力的诱惑，则会把持不住，做出丧德败行之事。

王阳明的弟子梁日孚曾问他："程颐说'一草一木皆有理，不可不察'，您觉得这个看法如何？"王阳明说："我就没那闲工夫了。你应当先去涵养自己的性情，修养自己的品德，必须完全了解人性道德之后，才能了解世间万物的道理。"也就是说，人应该先在"好德"的本性上而不是其他无关的琐事上下功夫，促进人格的完善，提升自己，最终才能够自然地显示出美好的品德。

真正的智者将道德修养作为人生最可靠的支柱。只要我们从现在开始将美好的品德根植于心,并将之付诸实践,像追求美的人和美好的事物一样去追求它,就能做到孔子所说的"好德如好色",也就离成功的人生目标不远了。

第五章 孝敬心：以孝安家，以敬持家

孝顺在当下

又如称某人知孝，某人知弟，必其人已曾行孝行弟，方可称他知孝知弟。此便是知行之本体。

——王阳明

王阳明在给江西弟子邹守益的信中说："近来得'致良知'三字，真圣门正法眼藏。往年尚疑未尽，今自多事以来，只此良知无不具足。譬之操舟得舵，平澜浅濑，无不如意。虽遇颠风逆浪，舵柄在手，可免没溺之患矣。"他认为致良知必须讲

孝道。对于母亲早逝，他没能奉养；祖母临终，未及一见，王阳明深感伤痛并一直自责于心。在其父去世之后，王阳明也因病卧床多日。

人的一生难免有很多缺憾，其中最大的可能莫过于"子欲养而亲不待"。当有一天我们蓦然发现，父母已两鬓斑白，此时才孝敬他们，甚至当双亲已离你远去，才幡然悔悟，却已尽孝无门，这将成为永远无法弥补的憾事。

王阳明主张知行合一，强调孝也要知行合一，他曾说，就如某人知孝，某人知弟，必是此人已曾行孝行弟，方可称他知孝知弟，不成只是晓得说些孝弟的话，便可称为知孝弟。可见，王阳明强调孝要及时行动，将知和行紧密结合起来。

孝，经不起等待。父母生时如果未奉养父母，父母死后万事皆空。《孔子·集语》中"子欲养而亲不待"就讲述了这样一个道理。

春秋时，孔子和弟子们出去游玩，忽然听到路边有人在啼哭，就上前去看怎么回事，啼哭的人叫皋鱼，皋鱼解释了他啼哭的原因："我年轻时好学上进，为了求学曾经游历各国，等我回来时父母却已经双双故去。作为儿子，当初父母需要侍奉的时候我却不在身边，这好像'树欲静而风不止'；如今我想要侍奉父母，父母却已经不在了。父母虽然已经亡故，但他们的恩情难忘，想到这些，内心悲痛，所以痛哭。"

人生在世，必然会经历种种痛苦的情感折磨，也在痛苦中锻炼得越发坚强，面临悲痛越发能强忍声色，而"子欲养而亲不待"却让人们倍觉"生命中难以承受之痛"。

很多人总说,等到有钱和时间了,一定要好好孝敬父母。你可以等待,但父母不能等待。在不经意间,父母渐渐变老。花点儿时间多陪陪父母,父母们没有太多的要求,只是想多让你陪陪。否则当你挚爱的亲人离你而去,你在脑海中回想他们以往对你如何嘘寒问暖、呵护备至,你却只顾着打拼自我天地,忽略了关爱他们,让他们在守望你的寂寞中落寞而去。你的悔、你的痛,将成为你一生最深刻的烙印,任岁月无情也抹杀不去。

生孩子不易,养孩子更不易,其中付出的辛苦是没有当过父母的人难以理解的。古时候父母亡故,做子女的要服丧三年,这是对自己刚出生时父母耐心守候的报答。孝敬父母,是每个人都应该奉行的,无论是过去还是现在。

闵损,字子骞,春秋时期鲁国汶上人,是孔子著名的弟子之一。闵子骞幼年即以贤德闻名乡里,他母亲早逝,父亲怜他衣食难周,便娶后母照料闵子骞。几年后,后母生了两个儿子,待闵子骞渐渐冷淡了。

闵子骞受到后母虐待,冬天穿的棉衣以芦花为絮,而其弟穿的棉衣则是厚棉絮。一天,父亲回来,叫闵子骞帮着拉车外出。外面寒风凛冽,闵子骞衣单体寒,但他默默忍受,一句抱怨也不对父亲说。后来绳子把闵子骞肩头的棉布磨破了。父亲看到棉布里的芦花,知道儿子受后母虐待,回家后便要休妻。闵子骞看到后母和两个小弟弟抱头痛哭,难舍难分,便跪求父亲说："母亲若在，仅儿一人稍受单寒；若驱出母亲，三个孩儿均受寒。"子骞的孝心感动了后母，后母痛改前非。自此母慈子孝合家欢乐。

孟子曰："惟孝顺父母，可以解忧。"闵子骞的孝行备受后人推崇，明朝编撰的《二十四孝图》，闵子骞排在第三，成为中华民族文化史上先贤人物。闵子骞不仅孝，而且宽容友爱，正是这些品德，使一个即将分崩离析的家庭重归于好，以自己的行为感动后母，使家庭和睦、母慈子孝，生活没有遗憾，这实在是人生一大幸事。

在现代，人们对自由的追求导致家庭观念逐渐淡漠，孝的精神也逐渐丧失，这不仅是传统文化的重大损失，也是个人品德修养的重大缺陷。今天的我们，不应该只用一些时髦的理论"武装"自己，仿佛自己不食人间烟火似的，完全没有传统文化中那种踏实、厚重的责任感。面对过去，新一代的我们应该继承和发扬传统文化中优秀的部分，比如平常多关怀、孝敬父母，也就不会再如皋鱼一般独自悲痛"子欲养而亲不待"。

百善孝为先,原心不原迹

父而慈焉,子而孝焉,吾良知所好也。

——王阳明

中国有首名为《劝孝歌》的古诗:"人不孝其亲,不如禽与兽。"语言虽然很直白,却蕴含丰富的内涵。一个人无论出生在什么样的家庭,也无论他将来的地位有多大的变化,只要他的父母还健在,那么他就有尽孝道的义务,这也是人之所以为人的根本。

试想一下,父母养育我们多年,如果等到老了却享受不到应有的亲情,会多么寒心!人类一直标榜自己是万物之灵,倘若对自己的父母都不孝敬,又有什么资格居高临下地谈论自然界中的动物呢?

《庄子》中记载:"子之爱亲,命也,不可解于心;臣之事君,义也,无适而非君也,无所逃于天地之间……是以夫事其亲者,不择地而安之,孝之至也。"孟子也讲:"孰不为事?事亲,事之本也。"而王阳明也是一个认为百善孝为先的至孝之人。

王阳明32岁的时候,因病移居西湖,往来于南屏、虎跑寺庙,见一僧人封闭于龛内打坐、诵经、念佛有3年之久,也不说话,像呆了一样。一日,王阳明就朝僧人大喊起来,僧人大吃一惊，和王阳明攀谈起来。王阳明问了他家庭的一些情况，僧人说家里还有老母亲。王阳明又询问其是否不起俗念。僧人答曰没法不念。王阳明听了，就给僧人讲爱父母和人本性的道理，僧人感动落泪，遂离开寺庙回去奉养老母亲。

古人讲"求忠臣必于孝子之门"，一个对父母家庭有真感情的人，如出来为天下国家献身，就一定有责任感。换言之，忠就是孝的发挥，就是扩充了爱父母的心情，爱别人，爱国家，爱天下。"子之爱亲，命也"，儿女爱父母，这是天性，人不孝其亲，不如禽与兽。然而，很多人通常将父母的爱视作理所当然，不懂得"子欲养而亲不待"的道理，直到自己也有了子女，理解了为人父母的苦心，却发现自己想要反哺回报已来不及了。

北魏时，房景伯担任清河郡太守。一天，有个老妇人到官府控告儿子不孝，回家后，房景伯跟母亲崔氏谈起这件事，并说准备对那个不孝子治罪。崔氏是一个知书达理、颇有头脑的人，她得知情况后，说道："普通人家子弟没有受过教育，不知孝道，不必过分责怪他们。这事就交给我来处理好了。"

第二天，崔氏派人将老妇人母子接到家里，崔氏对不孝子一句责备的话也没说。崔氏每天同老妇人同床睡眠，一同进餐，让不孝子站在堂下，观看房景伯是怎样侍候两位老人的。不到十天，不孝子羞愧难当，承认自己错了，请求与母亲一起回家。崔氏私下对房景伯说："这人虽然表面上感到羞愧，内心并没有真正悔改，姑且再让他住些日子。"又过了二十几天，不孝子被房景伯的孝顺深深打动，真正有了悔改的诚意，不断向崔氏磕头，答应一定痛改前非，老妇人也替儿子说情，这时崔氏才同意他们母子回家。后来这个不孝子果然成了乡里远近闻名的孝子。

崔氏很聪明，她相信每个人心中都会有"仁"在，其中之一就是孝心。她"无所为而为"，以身教代替说教，让他心中蛰伏之"仁"能因外界的触动得以彰显。

百善孝为先，原心不原迹，原迹贫家无孝子，所以说，孝的止境，在于以父母待你之心回报父母，无论何时何地，无论贫穷富有，孝由心生，不由外物。《孝经》云："用天之道，分地之利，谨身节用，以养父母，此庶人之孝也。故自天子至于庶人，孝无终始，而患不及者，未之有也。"

在王阳明看来，良知一开始便蕴含着情感之维："良知只是个是非之心，是非只是个好恶，只好恶就尽了是非，只是非就尽了万事万变。"良知的好、恶情感形成了行善的动因。当学生徐爱问王阳明如何通过服侍父母等的孝道而求得孝的道理时，王阳明认为关键出自忠诚的孝心。只有出自真心，行为才具有真实性，光是一点儿行孝的表面文章，而不把爱树立起来，那就不是真孝。孝顺是发自内心，由衷而出的。孝不仅是形式，更重要的是在于内心。一个人总强调正己，而正己要从回馈父母开始，孝为百德的先行，如果尚不知爱父母，没有德行的人绝难成事。

孝是一种生存品质

梦星性质温然，善人也，而甚孝。

——王阳明

良心是人人内心都具有的，不需要到外面去求。见父自然知孝，见兄自然知悌，见孺子入井，自然知恻隐。王阳明认为孝是人的一种本能，也是其良知的体现，是作为一个人必备的品质。

《论语·学而》中，有子曰："其为人也孝弟，而好犯上者，鲜矣；不好犯上而好作乱者，未之有也。君子务本，本立而道生；孝弟也者，其为仁之本与！"其意为："做人，孝顺父母，尊敬兄长，而喜好冒犯长辈和上级的，是很少见的；不喜好冒犯长辈和上级，而喜好造反作乱的人，是没有的。君子要致力于根本，根本确立了，治国、做人的原则就产生了。因此，孝顺父母，敬爱兄长，可以作为'仁'的根本吧！"

国学大师钱穆先生也认为，孔子之学所重在道。所谓"道"，即人道，其本则在心，而这人道最鲜明的体现是孝悌之心。所以要想培养仁爱之心，必先从孝悌开始。中国古代有很多关于"孝"的事迹，著名的《二十四孝图》就是典型的代表，其中"卧冰求鲤"的故事是这样的：

晋朝琅琊人王祥，生母早丧，继母朱氏多次在他父亲面前说他的坏话，使他失去父爱。但是王祥并没有因为这些而怨恨父母，相反，他对父母非常孝顺。父母患病，他便衣不解带、日夜侍候。继母想吃活鲤鱼，但当时是寒冬腊月，天寒地冻，冰封三尺，根本无法捕鱼。但是王祥为了能让病中的继母吃上活鲤鱼，就解开衣服卧在冰上，想用自己的体温化开坚冰捉鱼。突然三尺厚的冰自行融化，从冰下跃出两条鲤鱼。王祥高兴地回家为继母做鲤鱼，继母食后，果然病愈。这就是"卧冰求鲤"的故事。后来王祥隐居20余年，给父母养老送终后，才应邀出外做官。从温县县令做到大司农、司空、太尉，并被封为睢陵侯。后人为了纪念他，有诗曰："继母人间有，王祥天下无。至今河水上，一片卧冰模。"

儒家认为，"孝"是伦理道德的起点。一个重孝道的人，必然是有爱心、讲文明的人。重孝道的家庭，亲情浓郁、关系牢固；反之，必然是亲情淡薄、家庭结构脆弱，容易解体。而家庭是社会的基础，可见，不重孝道将会影响到整个社会的稳定与和谐。

从前，有一对夫妻生了一个白白胖胖的儿子，他们对儿子尽心竭力地抚养，所以孩子一天天茁壮成长。这对夫妻还有一个老母亲与他们同住，平时儿媳老是嫌弃婆婆，不愿意养婆婆，但是因为婆婆能帮他们干活儿，所以媳妇虽有怨言但还是让婆婆与他们同吃住。年复一年，随着孙子渐渐长大，婆婆越来越老了，她的腰因为长年劳作变得佝偻，再也不能干重活儿了。而且由于年老，吃饭时常会不小心撒出一些饭粒。

媳妇看婆婆越来越不顺眼,她急于把婆婆赶出家门,于是总在丈夫面前说婆婆的坏话,没想到丈夫竟然答应妻子赶母亲出门。一天吃过午饭,这对夫妻就把老母亲送到30里外的山沟里,扔下几块饼,让老母亲自生自灭。没想到回家后,他们发现儿子在村口的大树下坐着。夫妻俩问儿子为什么不回家,儿子说:"我在等奶奶,你们现在把奶奶拉出30里外,以后我拉你们80里也不止。"听了儿子的一番话,夫妻俩顿时明白了。他们赶紧到山沟里把母亲接了回来。

此外,正如有子所说,将来这些不懂得孝敬父母的人如果到了社会上,就是社会动荡不安的主要因素!这绝不是危言耸听,不是骇人听闻!也如王阳明所说:"知是理之灵处。就其主宰处说,便谓之心;就其禀赋处说,便谓之性。孩提之童,无不知爱其亲,无不知敬其兄,只是这个灵能不为私欲遮隔,充拓得尽,便完。完是他本体,便与天地合德。"只有良知走入我们的内心,我们也就能"爱其亲""敬其兄",这是一种本能的行为,是一种心的要求。

孝是一种生存策略,将来孩子能否做到孝,关键还是在于父母的言传身教。所以从孩子出生开始,你就要明白,在无微不至地关怀和爱孩子的同时,必须教会孩子孝顺!如果做不到这一点,以后就会自食苦果,老无所养!

能养只是一半的孝

如言学孝，则必服劳奉养，躬身孝道，然后谓之学，岂徒悬空口耳讲说，而遂可以谓之学孝乎？

——王阳明

王阳明曾与一个名叫杨茂的聋哑人用笔进行交谈：

王阳明问："你口不能言是非，你耳不能听是非，你心还能知是非否？"

杨茂答曰："知是非。"

王阳明感慨："如此，你口虽不如人，你耳虽不如人，你心还与人一般。"

杨茂首肯，拱谢。

王阳明："大凡人只是此心。此心若能存天理，是个圣贤的心；口虽不能言，耳虽不能听，也是个不能言不能听的圣贤。……你如今于父母，但尽你心的孝；于兄长，但尽你心的敬。"

杨茂首肯，拜谢。

王阳明："我如今教你但终日行你的心，不消口里说；但终日听你的心，不消耳里听。"

杨茂顿首，再拜。

王阳明向杨茂指出，人人都有一颗知是非的心，如看见父母自然知孝，看见兄长自然知敬的道德行为。即使是聋哑人，口虽然不能表达，耳虽然不能聆听，但心与常人是一样的，能知善知恶、辨别是非。这就是因为人心都有"良知"，无须口说，也无须耳听，只要用心去行就可以了。

在中国，对父母及老年人的孝养一直是个大问题，这也正是中国古代圣贤格外重视孝道的原因。能养只是一半的孝，真正的孝是发自内心的真诚。只有心里时时想着孝，并努力践行，这才是真正的孝。

有一个财主有两个儿子，大儿子愚笨，不讨人喜欢，小儿子聪明伶俐，于是财主就尽心抚养小儿子。两个儿子逐渐长大了，大儿子一直在家里陪着父母，小儿子因为颇有才华，被父亲送到县城读书。

小儿子果然不负众望，考取了功名，一家人欢天喜地，两位老人也准备收拾行李，和小儿子一起到新地方开始生活。本来小儿子不想带着父母，但是想到兄长愚笨，就勉为其难地带上了两位老人。

到了就职的地方之后，小儿子给父母选了一间房子，安排了一个奴婢，从此就消失了。两位老人看不见他的人影，生病了也只能使唤下人去找大夫。虽然在这里不愁吃穿，但是两位老人心里很难过。

一年以后，大儿子带着家乡的特产过来看弟弟，一见到两位老人，就难过地哭了——一年不见，父母老了许多，以前胖胖的父亲也瘦成一把骨头了。虽然大儿子很愚笨，但是很心疼父母，他决定带着父母回家生活。父母想到自己以前和大儿子生活在一起的时候，从来没有把他当回事，让他端茶倒水像下……是他从来没有生气，反倒是乐呵呵地照顾自……眼泪。就这样，笨哥哥又带着老人回到乡下去……明白，为什么父母不跟着自己这样有头有脸的……笨哥哥一起生活。

老财主的正是一颗孝心。只有让父母感受到我……才会觉得幸福。孝，绝不仅仅是能够保证父母……父母更希望得到的是儿女的真切关怀，他们希……看看。

只要有头脑，只要此心去人欲、存天理，便自……之际为老人找个冬暖夏凉的地方。但这些都是……。能养不是孝，有孝顺的心才能算作孝。

时刻念父母生养之恩

，斯恶之矣。

——王阳明

……先""身体发肤，受之父母，不敢毁伤"，身体……即便是伤害身体的权利也在于父母，而不在于……人的眼中，孝是一切美德的基础，是一切事业的……不成大业。

王阳明提倡以良知为本的孝道观。他认为万事万物的本源是良知。有了良知之心，自然就会发自内心地孝顺父母。良知一旦被蒙蔽，孝顺就只是形式上的孝道，而非出自内心的忠诚的孝。孝敬父母不是外表的花哨言行，而是真正付诸行动的爱。

汉文帝时期，在临淄这个地方出了一个很有名的人，她就是勇于救父的淳于缇萦。

淳于缇萦的父亲叫淳于意，本来是个读书人，但是非常喜欢医学，还经常给别人看病，所以在当地出了名。后来他做了太仓令，但是他为人耿直，不愿意跟做官的来往，也不会拍上司的马屁，所以在官场上很不得意，没有多久就辞职当起医生来了。

一次，淳于意被一位商人请去为他的妻子看病，结果病人没有好转，反而在几天之后死了。商人仗势欺人，向官府告了淳于意一状，说他看错了病，致人死亡。

当地的官吏也没有认真审理，就判处淳于意"肉刑"（当时，肉刑有脸上刺字、割鼻子、砍左足或右足等），要把他押解到长安去受刑。

除小女儿缇萦，淳于意还有四个女儿，就是没有儿子。在他被押解到长安去受刑的时候，他望着女儿们叹气说："可惜我没有儿子，全是女儿，遇到现在这样的危难，一个有用的也没有。"

听到父亲的话，小缇萦又悲伤又气愤。她想："为什么女儿就没有用呢?"因此,当衙役要把父亲带出家门时,她拦住衙役说:"父亲平时最疼我,他年龄大了,戴着刑具走不太方便,我要随身照顾他。另外,我父亲遭到不白之冤,我要去京城申诉,请你们行行好,让我和你们一起去吧。"

衙役们见小姑娘一片孝心,就答应了她。当时正值盛夏,天气反复无常,时而阴雨连绵,时而天气晴朗。天晴时,小缇萦就不住地为父亲擦汗;遇上阴雨天,她就打开雨伞,以防父亲被雨淋湿。

晚上,小缇萦还要给父亲洗脚解乏。这一切深深地感动了押送淳于意的衙役。经过20多天的长途跋涉,他们终于来到了京城。履行完相关的手续之后,淳于意马上就被关进了牢房。小缇萦不顾疲劳,也马上开始四处奔走,为父亲喊冤。

可是,人们一看来申诉的竟是个还未成年的小姑娘,便没有理睬。小缇萦想,要解决父亲的问题,只能直接上书皇上了。于是,她找来纸笔,请人帮忙将父亲蒙冤的经过一一写好,恳求皇上明察。同时她还表示,如果父亲真的犯了罪,她愿代父受刑。

第二天,小缇萦怀里揣着早已写好的信,来到皇宫前。就在那时,只见不远处尘土飞扬,马蹄声声,一辆飞驰的马车直奔皇宫而来。小缇萦心想:"上面坐的一定是一位大臣。"她灵机一动,用双手举起书信,跪在马车前。

车上坐的是一位老者,他看到小缇萦,便俯下身来,关心地问:"小姑娘,为什么在这儿拦住我的去路,难道有人欺负你了吗？"小缇萦就把父亲被抓的事情一五一十地告诉了这位大臣，并请求他把信带给皇上。

听小缇萦说得那么诚挚恳切，这位大臣答应了她的要求。皇上读了这封信后，被深深地打动了，当他听说小缇萦千里救父的事迹后，更是十分钦佩。之后，皇上亲自审理此案，并为淳于意洗清了不白之冤。

也许在年少的小缇萦心中根本就没有很明确的所谓孝顺的概念，但是，她拥有一颗良知之心，正是这颗良知之心使她拥有一种最朴素的孝顺行为，时时事事都想着自己的父亲，都站在父亲的角度来考虑问题。

其实，孝敬真的很简单，只要像爱自己一样爱父母、爱家人，并体现在日常的行动上，就做到了孝顺，就是一个实实在在懂得孝顺的人了。念父母生养之恩，这是每个子女都应该做到的，报父母之恩，更是每个子女应尽的义务。"不慈不孝焉，斯恶之矣。"王阳明的孝道观讲孝悌是良知的一个表现，不慈不孝，这是良知被蒙蔽，由此产生恶。由知孝到行孝，是由良知到致良知的过程，也是知行合一观点所要求的。

《诗经·小雅·蓼莪》中说："哀哀父母，生我劬劳。"父母生养我们的时候，辛酸劳累，不是一般人所能想象的。因此作为儿女，若能真切体会父母的深恩重德，心灵深处必然激起阵阵哀伤，孝敬父母之心必油然而生，随之付诸实践。若是有人对父母无动于衷，这种人将很难拥有安详幸福的家庭，也很难成就大业。

第六章 素净心：减一分人欲，得一分轻快

身外物不奢恋

> 然可欲者是我底物，不可放失，不可欲者非是我物，不可留藏。
>
> ——王阳明

随着社会的不断发展，人们越来越注重物质利益的追求。在人们趋向于"物质化"的同时，其精神越来越和自己的心灵分离，人的心灵深处愈感孤独、苦闷、烦躁、矛盾。如何使人们荒芜、紧张的精神境界得到提升，获得心灵的自由，王阳明

为人们提供了一种解决方式。

王阳明的学生问他:"良知恐怕也存在于声色货利之中。这种观点对吗?"王阳明回答说:"当然,但初学用功时,对自己的内心必须进行扫除荡涤,使它臻于清净澄明的境界,不要让自己的心陷入声色货利等东西之中,它们来了不欢迎,去了也不留恋、惋惜,这样,我们才能以坦然的心来对待所遇到的各种事物,才不会给心灵造成负担,自然就会用自己的智慧去应对。"

王阳明强调以一种豁达的心态来为人处世,不要让所遇之物成为心中羁绊,不能做声色货利的奴隶。

每个人的烦恼都有两个来源,一是自身的欲望,再一个就是外物,金钱、权力、华屋、名声、美色、佳肴等诱惑着人们,也烦恼着人们。而这众多的烦恼,就是因为人们有太多的执着,有太多的贪欲,整天惦记着如何才能得到声、色、名、利等外在的东西,内心才会备受煎熬。如果能豁然看待,来去随缘,而不是执着地求取,人生自然会多几分洒脱。

有一个富翁背着许多金银财宝,到远处去寻找快乐。他走过了千山万水,却始终未能寻找到快乐,于是他沮丧地坐在山道旁。一个农夫背着一大捆柴草从山上走下来,富翁说:"我是一个令人羡慕的富翁。请问,为何我没有快乐呢?"

农夫放下沉甸甸的柴草,舒心地揩着汗水:"快乐很简单,放下就是快乐!"富翁顿时开悟:自己背负着那么重的珠宝,老怕别人抢,怕被别人暗算,整天忧心忡忡,快乐从何而来？于是，富翁将珠宝、钱财用来接济穷人，专做善事，慈悲为怀。善行滋润了他的心灵，他也尝到了快乐的味道。

钱财终究是身外之物。"身外物，不奢恋"是思悟后的清醒，它不但是超越世俗的大智大勇，也是放眼未来的豁达襟怀。谁能做到这一点，谁就会活得轻松、过得自在。

王阳明那段倾心讲学的日子被他自己称为人生当中最幸福的时光。既然得不到朝廷的任用，那就投身于讲学事业当中，何乐而不为？所谓的官名、事功都是外在的东西，内心和精神得以满足才是最重要的。所以，在那段时间，前来求学之人络绎不绝。不管是因为他生性的乐观感染了他人，还是心学的思想鼓舞了他人，可以肯定的是，王阳明有一颗豁达的心。

生活中，我们想要的太多，如果不能得到我们想要的，我们就不停地去想我们所没有的，并且保持一种不满足感。如果我们已经得到了想要的，我们仅仅是在新的环境中重新创造同样的想法。因此，尽管我们已经得到了想要的，却仍旧不高兴。当我们内心充满无休止的欲望时，是感受不到幸福的。

一位心理学家指出，最普遍的和最具破坏性的倾向之一就是集中精力于我们所想要的，而不是我们所拥有的。这对于我们拥有多少似乎没有什么不同；我们不断地扩充我们的欲望名单，这就导致了我们的不满足感。你的心理机制说："当这项欲望得到满足时，我就会快乐起来。"可是一旦这项欲望得到满足后，这种心理作用却会不断重复。

幸运的是，有一个可以快乐起来的方法，那就是改变我们思考的重心，从我们所想要的转而想到我们所拥有的。不是期望你的爱人是别人，而是试着去想她美好的品质；不是抱怨你的薪水低，而是感激你拥有一份工作；不是期望你能去夏威夷度假，而是想到你居所附近亦有乐趣。

其实外物都是暂时的，即使我们把它追到手，也不会感到满足，反而会生出更多更大的欲望。因此，不如保持一颗平静的心，学会"物来则应，去则不留"，适当放下，这不仅是一种洒脱，更是参透万物后的一种平和。只有放下那些过于沉重的东西，才能得到心灵的放松。当某一件东西带给你的只有无尽的烦恼和忧愁，各种各样的负担如山一般压在你的心上让你不能自由呼吸，那么最明智的办法就是舍弃它，不要为其所累，快乐自然会回到你的身边。

心安理得，知足常乐

尚功利，崇邪说，是谓乱经。

——王阳明

走人生这条道路，荣华富贵者并不一定就永久快乐，贩夫走卒也不是一辈子劳苦，一个人只要心安理得、恰如其分地做本分事，即是幸福。

在被贬至龙场之时，王阳明常以孔子的话勉励自己：居住者要是道德修养高，有知识有智慧的君子，是不会觉得居所简陋的。

为生活所迫，他不得不亲自动手耕作来解决温饱。他不会农事，就边看边学，龙场人的耕作是原始的刀耕火种，他通过实践，掌握了不少干农活儿的技术和规律。他还向当地的人请教种地经验，和当地百姓的关系也越来越亲近。对于一直心系百姓的王阳明来说，得到龙场百姓的理解和支持就是一种幸福。

为人处世，穷而不乏，实属难能可贵的精神。毕竟荣华富贵常使人飘飘欲仙，而那些每天奔波劳碌的贩夫走卒，风餐露宿，看起来异常凄苦。但有了钱财和权力，未必能给人带来快乐，烦恼也会随着名利袭上心头。反而是那些本本分分活着的人，每天做着恰如其分的事情可能会更幸福，因为他们或许在物质上未能达到极大丰富，但在精神上不匮乏。

春秋时期的名士原宪住在鲁国，拥有一丈见方的房子，屋顶盖的是茅草；用桑枝做门框，用蓬草做门；用破瓮做窗户，用破布隔成两间；屋顶漏雨，地面潮湿，他却端坐在那里弹琴。子贡骑着大马，穿着素雅的大褂，紫色的里衣，小巷子容不下高大的马车，他便走着去见原宪。原宪头戴一顶破帽子，穿着破鞋，倚着藜杖在门口应答。子贡说："呵！先生生了什么病？"原宪回答说："我听说，没有钱叫作贫，有学识而无用武之地叫作病，现在我是贫，不是病。"子贡顿时脸上露出羞愧的表情。

子贡听了原宪对于贫穷的看法，自己的脸上露出了羞愧的表情。因为他自己实际上有了心病，不能正视贫困的问题，不理解那些安于贫困，而心怀大志的人。

对于贫穷，现实中的每个人的看法不同，标准不同，忍受贫穷的耐力也不同。有些人是不得不居于贫困、苦熬贫困；所以觉得贫困是可怕的，这是着眼于物质生活的贫困；还有一些人是甘居贫困，是借贫困的环境来磨炼自己的意志，这是自觉地忍受贫困。不管是贫穷还是富有，我们要注重的不仅是自己的物质享受，还要看重自己的精神修养，这才是积极地忍受贫困。

《庄子·山木》中记载了这样一则故事：

庄子身穿粗布衣并打上补丁，工整地用麻丝系好鞋子走过魏王身边。魏王见了说："先生为什么如此疲惫呢？"

庄子说："是贫穷，不是疲惫。士人身怀道德而不能够推行，这是疲惫；衣服坏了鞋子破了，这是贫穷，而不是疲惫。这种情况就是所谓生不逢时。大王没有看见过那跳跃的猿猴吗？它们生活在楠、梓、豫、章等高大乔木的树林里，抓住藤蔓似的小树枝自由自在地跳跃而称王称霸，即使是神箭手羿和逄蒙也不敢小看它们。等到生活在柘、棘、枳、枸等刺蓬灌木丛中，小心翼翼地行走而且不时地左顾右盼，内心震颤恐惧发抖，这并不是筋骨紧缩有了变化而不再灵活，而是所处的生活环境很不方便，不能充分地施展才能。如今处于昏君乱臣的时代，要想不疲惫，怎么可能呢？比干遭剖心刑戮就是最好的证明啊！"

庄子的生活很贫穷，但是他的精神并不贫穷。一个人在物质上贫穷并不可怕，但一定不要使自己的精神贫穷，精神的贫穷才是真正的可悲。庄子生活困苦，但是庄子的精神力量散发出耀眼的光辉，他深谙快乐生活的道理，心与物游，天真烂漫，这种贫穷从某种意义上来说是最富有的。

《中庸》讲"素富贵，行乎富贵……素患难，行乎患难"，王阳明认为只有努力修养心体，继而修养得纯正才可做到如此。每个人都希望改变贫穷的状况，但是急于求成或是用歪门邪道去脱贫，不是真正的忍贫，只不过是贪恋富贵罢了。那些贩夫走卒，奔波劳苦，虽然生活不尽美好，但他们付出了努力，所以他们的精神充实，将来未必过不上好日子；那些满腹经纶的人，虽然积累学识非常辛苦，但他们可以用知识来创造财富，一样能飞黄腾达。相反，许多人心灵空虚，贪欲满腹，即使家财万贯，也未必快乐，因为他们不知道什么叫作知足常乐，也从不重视心安理得，结果生命里充满的往往只是利益和虚假的谄媚。

"财"是静心的拦路虎

人须有为己之心，方能克己；能克己，方能成己。

——王阳明

人生的热闹风光说穿了不过"名利"二字，唯有与功名利禄保持适当的距离，才能超然物外，潇洒、通透，做一个真正的快活人。然而，从古至今，多少人在混乱的名利场中丧失原则，迷失自我，百般挣扎反而落得身败名裂。孔子说："君子疾没世而名不称焉。"唐朝诗人廖匡图有诗云："名利最为浮世重，古今能有几人抛？"

王阳明带兵打仗时曾经规定："各兵但有管哨官总指称神福，馈送打点等各项名色，科派银物自一分以上，俱许赴该道面告究治。"他严格要求自己的部下不能接受百姓的任何东西，否则严加追究。他说"吏书、义民、总甲、里老、百长、弓兵、机快人等若揽差下乡，索求赍发者，约长率同呈官追究"。不仅如此，他还倡导百姓揭发收受贿赂的行为，对那些廉洁的官员给予奖励。通过这些措施，王阳明教化当地的人们"务洗贪鄙之俗，共敦廉让之风"。

王阳明对"财"的态度很好地体现了他的清廉和静心。《红楼梦》开篇偈语中，"人人都说神仙好，唯有功名忘不了"的《好了歌》似乎在诉说繁华锦绣里的一段公案，又像是在告诫人们提防名利世界中的冷暖，看似消极，实则是对人生的真实写照，即使在数百年后的今天依然如此。世人总是被欲望蒙蔽了双眼，在人生的热闹风光中奔波迁徙，为名利这些身外之物所累。

那些把名利看得很重的人，总是想将所有财富收入囊中，将所有名誉光环揽至头顶，结果必将被名缰利锁困扰。

一天傍晚，两个非常要好的朋友在林中散步。这时，有个路人从林中惊慌失措地跑了出来，两人见状，拉住路人问："你为什么如此惊慌，发生了什么事情？"

路人忐忑不安地说："我正在移栽一棵小树，却突然发现了一坛金子。"

这两人听后感到好笑，说："挖出金子有什么好怕的，你真是太好笑了。"然后，他们就问："你是在哪里发现的，告诉我们吧，我们不怕。"

路人说："你们还是不要去了吧，那东西会吃人的。"

这两人哈哈大笑，异口同声地说："我们不怕，你告诉我们它在哪里吧。"

于是路人只好告诉他们金子的具体地点，两人飞快地跑进树林，果然找到了那坛金子。

一个人说："我们要是现在就把黄金运回去，不太安全，还是等到天黑以后再运吧。现在我留在这里看着，你先回去拿点儿饭菜，我们在这里吃过饭，等半夜的时候再把黄金运回去。"于是，另一个人就回去取饭菜了。

留下来的这个人心想："要是这些黄金都归我，该有多好！等他回来，我一棒子把他打死，这些黄金不就都归我了吗？"

回去的人也在想："我回去之后先吃饱饭，然后在他的饭里下些毒药。他一死，这些黄金不就都归我了吗？"

没过多久，回去的人提着饭菜来了，他刚到树林，就被另一个人用木棒打死了。然后，那个人拿起饭菜，吃了起来，不一会儿，他的肚子就像火烧一样痛，这才知道自己中了毒。临死前，他想起了路人的话，叹道："他说得真对啊，我当初怎么就不明白呢？"

可见，"财"这只拦路虎，它美丽耀眼的毛发确实诱人，一旦骑上去，又无法使其停住脚步，最后必将摔下万丈深渊。

庄子在《徐无鬼》篇中说："钱财不积则贪者忧；权势不尤则夸者悲；势物之徒乐变。"追求钱财的人往往会因钱财积累不多而忧愁，贪心者永不满足；追求地位的人常因职位不够高而暗自悲伤；迷恋权势的人，特别喜欢社会动荡，以求在动乱之中借机扩大自己的权势。而这些人，正是看不破钱财之人，注定会有无尽的烦恼。

权势等同枷锁，富贵有如浮云。生前枉费心千万，死后空持手一双。名利，就像是一座美丽豪华舒适的房子，人人都想走进去，只是他们从未意识到，这座房子只有进去的路，却没有出来的门。枷锁之所以能束缚人，房子之所以能困住人，主要是因为当事人不肯放下。放不下金钱，就做了金钱的奴隶；

放不下虚名,就成了名誉的囚徒。因而,不如退一步,远离名利纷扰,给自己的心灵一片可自由驰骋的广袤天空。

养心在于寡欲

只要去人欲,存天理,方是功夫。静时念念去人欲,存天理,动时念念去人欲,存天理,不管宁静不宁静。

——王阳明

生活中有一个"抓沙子"的经验,许多人都想把沙子抓得越多越稳,他们就会用力抓,但手抓得越紧,结果漏掉的越多。相反,如果松开手轻轻地托着,所抓沙子的数量会更多。

唐代文学家柳宗元曾写过一篇名为《蝜蝂传》的散文,文中提到了一种善于背负东西的小虫蝜蝂,它行走时遇见东西就拾起来放在自己的背上,高昂着头往前走。它的背发涩,堆放到上面的东西掉不下来。随着背上的东西越来越多、越来越重,不肯停止的贪婪行为,终于使它累倒在地,说的也是这样一个道理:想抓住的东西越多,抓得住的就越少。

王阳明的门生方献夫,从喜欢辞章之道到找到圣人之道的过程也证明了"大无大有,先无后有"的道理。方献夫本是吏部的郎中,职位比王阳明高,在二人辩解道义的时候经常会发生一些争论。后来,方献夫热衷讲学论道、辨析义理,这时他认同了王阳明一部分的观点。之后经过长时期在一起讲论,方献夫感慨王阳明的圣人之道，他超越了口舌辩论的表面化阶段，进入了诚心诚意仰慕和敬佩的内在化阶段，于是在王阳明面前自称门生，恭恭敬敬。王阳明说方献夫之所以能超越世俗之见，是因为他能做到"超然于无我"和"大无大有"。"无"的境界只能通过去蔽减去习得的经验界的杂质才能得到。方献夫用两年时间完成了三次"飞跃"，靠的是"无我之勇"。王阳明发自内心地说："圣人之学，以无我为本，而勇以成之。"

人心常常是不清净的，从"无"到"有"，从"大无"到"大有"，往往体现出欲望越少，得到的也越多。人生在世，很难做到一点儿欲望也没有，但是物欲太强，就容易沦为欲望的奴隶，一生负重前行。每个人都应学会减负，更应学会知足常乐，因为心灵之舟载不动太多负荷。

从前，一个想发财的人得到了一张藏宝图，上面标明在密林深处有一连串的宝藏。他立即准备好了一切旅行用具，还特别找出了四五个大袋子用来装宝物。一切就绪后，他进入那片密林。他斩断了挡路的荆棘，蹚过了小溪，冒险冲过了沼泽地，终于找到了第一个宝藏，满屋的金币熠熠夺目。他急忙掏出袋子，把所有的金币装进了口袋。离开这一宝藏时，他看到了门上的一行字："知足常乐，适可而止。"

他笑了笑，心想：有谁会丢下这闪光的金币呢？于是，他没留下一枚金币，扛着大袋子来到了第二个宝藏，出现在眼前的是成堆的金条。他见状，兴奋得不得了，依旧把所有的金条放进了袋子，当他拿起最后一条时，上面刻着："放弃下一个屋子中的宝物，你会得到更宝贵的东西。"

他看完这行字后，更迫不及待地走进了第三个宝藏，里面有一块磐石般大小的钻石。他发红的眼睛中泛着亮光，贪婪地抬起这块钻石，放入了袋子中。他发现，这块钻石下面有一扇小门，心想，下面一定有更多的东西。于是，他毫不迟疑地打开门，跳了下去，谁知，等待他的不是金银财宝，而是一片流沙。他在流沙中不停地挣扎着，可是越挣扎陷得越深，最终与金币、金条和钻石一起长埋在流沙下了。

如果这个人能在看了警示后立刻离开，能在跳下去之前多想一想，那么他就会平安地返回，成为一个真正的富翁。物质上永不知足是一种病态，其"病因"多是权力、地位、金钱之类。这种病态如果发展下去，就是贪得无厌，其结局是自我毁灭。世间一切我们能抓住的只是很少的一部分，又何苦为了抓住更多而失去更多呢？

王阳明告诫学生，只有将好色、贪财、慕名等私欲统统揪出来，连根拔去，才能算作痛快。《伊索寓言》中有这样一句话："有些人因为贪婪，想得到更多的东西，却把现在所拥有的也失掉了。"所以，生活中的我们应该明白：即使你拥有整个世界，你一天也只能吃三餐。这是人生思悟后的一种清醒，谁真正懂得它的含义，谁就能活得轻松，过得自在，白天知足常乐，夜里睡得安宁，走路感觉踏实，蓦然回首时没有遗憾！

淡泊以明志,宁静以致远

> 循理之谓静,从欲之谓动。
>
> ——王阳明

《文子·道厚》曰:"真人者,知大己而小天下,贵治身而贱治人,不以物滑和,不以欲乱情,隐其名姓,有道则隐,无道则见,为无为,事无事,知不知也。怀天道,包天心,嘘吸阴阳,吐故纳新,与阴俱闭,与阳俱开,与刚柔卷舒,与阴阳俯仰,与天同心,与道同体;无所乐,无所苦,无所喜,无所怒,万物玄同,无非无是。"

得道之人是可以达到不为是非左右的境界的,在生活中可以超越一切相对事物,从而得到一种超然的自由。这种"不为是非左右的境界"就是淡泊。中国人不仅倾慕诸葛亮的神机妙算,还欣赏他的淡泊人生观,常常借用他的一句话"淡泊以明志,宁静以致远"来自我勉励。

王阳明提倡淡泊的心态。淡泊名利是王阳明家族的"传家宝",他的六祖王纲性情淡泊,文武皆通,但是为了躲避乱世,他便往来于山水之间。

王纲和刘伯温是好友,但他对刘伯温说:"老夫性在丘壑,异时(你)得志,幸勿以世缘见累,则善矣。"以此可见其淡泊的心境。

只有对生活琐事的淡泊，才能让我们有时间和精力去实现我们远大的理想，也只有能够安静地坐下来，我们才有时间去思考人生。

战国时期齐国有一位贤者，名叫颜斶。齐宣王十分仰慕他，便把他召进宫来。颜斶走进宫内，来到殿前，就停住了脚步，不再前行。齐宣王叫他上前，颜斶不仅一步不动，还叫齐宣王下来迎接他，说："如果是我走到大王面前，说明我羡慕大王的权势；如果是大王走过来，说明大王礼贤下士。与其让我羡慕大王的权势，还不如让大王礼贤下士。"齐宣王生气地说："到底是君王尊贵，还是士人尊贵？"颜斶不假思索地说："当然是士人尊贵！从前秦国进攻齐国的时候，秦王曾经下过一道命令，有谁敢在高士柳下季的坟墓五十步以内的地方砍柴的，格杀勿论！他还下了一道命令，有谁能砍下齐王脑袋的，就封为万户侯，赏金千镒。由此来看，一个活着的君主的脑袋还不如一个死了的士人的坟墓呢！大禹在世时，诸侯有万国之多，是因为他尊重士人；到了商汤时代，诸侯有三千之多；如今，称孤道寡的才二十四个。由此来看，重视士人与否是得失的关键。从古到今，没有不务实事而成名于天下的，所以君王要以不经常向人请教为羞耻，以不向地位低的人学习而惭愧。"

齐宣王听到这里，才觉得自己理亏，于是对颜斶说："听了您的一番高论，茅塞顿开，希望您接受我拜您为师。今后您就住在这里，饮食有肉吃，出门有车乘，您的家人个个可以衣着华丽。"颜斶却说:"玉,产于山中,一经匠人加工,就会被破坏;虽宝贵,但失去了本来的面貌。士人生在穷乡僻壤,如果选拔上来,享有利禄,他外来的风貌和内心世界就会遭到破坏。所以我希望大王让我回去,每天饥饿了才吃饭,像吃肉那样香,安稳而慢慢地走路,足行以当作乘车。平安度日,并不比权贵差。清静无为,纯正自守,乐在其中。"颜斶说罢,向齐宣王拜了两拜便离开了。

在大富大贵面前,颜斶安于淡泊的生活而不追名逐利。做人的确需要几分淡泊,只有如此,才能豁达地面对人生的得失。王阳明提倡心中以良知为主宰,不以当官为荣,不以不当官为辱,坦坦荡荡,心无困扰。所以,淡泊是一种境界,是一种从容不迫的生活态度。

淡泊的人是幸福的,淡泊使人心更加宁静、更加自由,不受外物羁绊。淡泊是不慕名利,远离喧嚣和纠缠,走向超越。淡泊是在遭受挫折时仍有与花相悦的从容,淡泊是别人都忙于追名逐利时仍然保持恬淡。只有淡泊,才可以使你真正地享受人生,在努力中体验欢乐,在淡泊中充实自己。古往今来多少名士终其一生都在寻求淡泊的心境,"采菊东篱下,悠然见南山",陶渊明算得上是个淡泊者;钱锺书学富五车,闭门谢客,静心于书斋,潜心钻研,著书立说,留下旷世名篇;齐白石晚年谋求画风变革,闭门十载,破壁腾飞,终成国画巨擘。

在人的生命历程中,轰轰烈烈是暂时的,大部分的时间都在平淡中度过。只要怀有淡泊的心境和一生一世永不放弃的追求，就能获得生活馈赠的幸福和快乐，拥有成功赋予的慰藉和乐趣。

徒有虚名不中用

　　世之人从其名之好也，而竞以相高；从其利之好也，而贪以相取；从其心意耳目之好也，而诈以相欺，亦皆自以为从吾所好矣，而岂知吾之所谓真吾者乎！夫吾之所谓真吾者，良知之谓也。

——王阳明

　　王阳明从少年时代起，受到父亲的耳濡目染，便想通过科举考取功名。而通过读书摆脱平民的命运，走上仕途是当时很多人唯一的道路。为此，很多人为了考取功名苦读数年，甚至付出了一生。王阳明虽然也受到科举的束缚，但是他并不为它所制约，功名仅仅是一个虚名，考不上不算什么，一旦考取，便要让其有实际的用处，为百姓、为社会谋福谋利，这也是他用一生来践行的事情。

　　然而，世界上有很多人，为了达到自己的目的，不择手段，超过了道德的范围，破坏了人生行为的标准。他们为什么不能守住自己的本分呢？多数情况下，是因为"名心"的驱使。所以，如果把这个"名心"抹平，不去刻意追求"名"，往往会得到意想不到的结果。

王阳明追求的人生是"致良知"的一生,他不仅希望能实现"饥者歌其食,劳者歌其事",还希望实现报国行道的理想。他融思想家和政治家为一体,却不希望为名所累。

事实上,人生也正是如此奇妙,贪慕虚名、急功近利者往往得不到真正的功利;沽名钓誉之徒往往得不到真正的名誉。

有一个书生因为像晋人车胤那样借萤火夜读,在乡里出了名,乡里的人都十分敬仰他。一天早晨,有一个人去拜访他,想向他求教。可是这个书生的家人告诉拜访者,说书生不在家,已经出门了。来拜访的人十分不解地问:"哪里有夜里借萤火读书,学一个通宵,而清晨大好的时光不读书却去干别的杂事的道理?"家人如实地回答说:"没有其他的原因,主要是因为要捕萤,所以一大早就出去了,到黄昏的时候就会回来的。"

车胤夜读是真用功、真求知,而这个虚伪的书生真的好学到这种地步吗?在大好的天光下出门捕萤,黄昏再回来装模作样地表演一番,完全是本末倒置,"名"是有了,但时间一长难免露出马脚。靠一时的投机哗众取宠,这样的"名"往往很短暂,如过眼云烟,很快会被世人遗忘。

追求名誉难免为虚名所累,误了一生。其实看开了,虚名不过是噱头,可惜的是太多人被它牵制、拖累。虚名能为人带来一时的心理满足,但它本身毫无价值、毫无意义,任何一个真正的有识之士,都不会看重虚名。王阳明和学生讨论有关"名"这个问题时,他说如果一味地力追声名,就不会懂得真实、纯朴的道理，人生就会徒增烦扰。

为了虚名而去争斗，是人世间各种矛盾、冲突的重要起因，也是人生之烦恼、愁苦的根源所在。我们追求的是精神的不朽，那么请抛却虚名，着眼未来，脚踏实地，我们终将到达人生的制高点。

少一些机心，少一些痛苦

> 汝若于货色名利等心，一切皆如不做劫盗之心一般，都消灭了，光光只是心之本体，看有甚闲思虑？
>
> ——王阳明

历史上多少悲剧出于争名夺誉，人们只看到了虚名表面的好处，却不知道在虚名的背后，埋藏了多少辛酸和苦难。为了承受这么一个毫无价值的虚名，很多人暗中钩心斗角，明里打得头破血流，朋友反目成仇，兄弟自相残杀，虚名之累，有什么好处？

中国儒家极力提倡"存天理、去人欲"，王阳明更是把"去人欲"当作"存天理"的条件，他说："去得人欲，便识天理。"

王阳明将天理、良知、本体合而为一，也就是将道德伦理的价值与存在的本体合而为一，要证得"本体"，就必须去掉一切人欲。在他看来，一个人之所以会产生"机心"，是因为人的心里藏有势利的种子，因为势利才产生"机心"。

从某种意义上说，势利就是一种欲望。欲望越多，痛苦也越多。人心不足蛇吞象，而蛇吞象——咽不进，吐不出，要多别扭有多别扭。什么都想要，最后可能什么也得不到，反而将自己一辈子置于忙忙碌碌、钩心斗角之中。这样活着，未免太累！如果少一些机心，就会少一些痛苦。

苏秦，字季子，东周洛阳人，是战国时期著名的纵横家。

苏秦早年在鬼谷子门下学习纵横捭阖之术，他勤奋刻苦，博览群书，学业精进。苏秦学业有成，辞别鬼谷子时，鬼谷子考查了他一番，苏秦侃侃而谈，滔滔不绝，不想鬼谷子眉头紧锁，脸上并无喜悦。

苏秦把话说完，不安地问："先生，我说错什么了吗？先生为何脸有异色？"

鬼谷子语重心长地对苏秦说道："你说得很好，并无错漏。事不可尽，尽则失美。美不可尽，尽则反毁。你只知道能言善辩的好处，唯恐不能发挥到极致，却不知道善辩之能亦可招人嫉妒，若一味恃弄，祸不可测啊。"

后来，苏秦到各国游说，最终佩六国相印，权倾一时，但他在燕国受到他人的嫉妒。怕燕王杀他，他就自请到齐国做燕王的奸细。他花言巧语又使齐王信任了他，但苏秦的频繁活动终被齐王和齐大夫发觉，最终落得个被车裂于市的下场。

苏秦凡事都想尽善尽美，费尽心思，但是他这番机心反而使自己吞咽了恶果。人生的许多痛苦都是因为你得不到想要的东西。其实，我们辛辛苦苦地奔波劳碌，最终什么也带不走。王阳明说："汝若于货色名利等心，一切皆如不做劫盗之心一般，都消灭了，光光只是心之本体，看有甚闲思虑？"一切私心的存在就好比做贼的心，弄到最后不光没有得到想要的，还丢失了本体。

其实，人人都有欲望，都想过美满幸福的生活，都希望丰衣足食，这是人之常情。但是，如果把这种欲望变成不正当的欲求，变成无止境的贪婪，那我们就无形中成了欲望的奴隶。在欲望的支配下，我们不得不在权力、地位、金钱中挣扎。我们常常感到自己非常累，但是仍觉得不满足，因为在我们看来，很多人比自己生活得更富足，很多人的权力比自己大。所以我们别无出路，只能硬着头皮往前冲，在无奈中透支体力、精力与生命。

每个人的世界都是自己造成的。一个人若是使自己的思想里充满了困难、恐惧、怀疑、绝望、忧虑的东西，那么他的整个生活就难以走出悲愁、痛苦的境地。但他若能抱着乐观的态度，那么蒙蔽心灵的种种阴霾就会烟消云散。

人生如白驹过隙，生命在拥有和失去之间很快就流逝了。心灵空间需要自己去经营，如果心中装满势利、欲望、各种算计，心灵哪里还有空间去承载别的呢？

第七章 决心：知行合一，言行一致

慎思之，笃行之

知是行之始，行是知之成。

——王阳明

常言道，三思而后行。意思是思考在前，行动在后，必须经过仔细周密的考虑才能有所行动，如此才能取得最好的效果，避免一些不必要的麻烦。

"三思而后行"，出自《论语·公冶长》："季文子三思而后行。子闻之曰：'再，斯可矣。'"孔子对季文子三思而后行的评价，着实令人费解。有的人指出，孔子是赞同季文子的做法的，并且孔子认为三思还不够，还要再想一次才可以；有的人则持相反的观点，指出孔子实际上是反对季文子这种过多思虑的做法，认为只要"再"，即只要想两次就可以了。从字面的意思来看难免糊涂，然而从孔子的思想主张，以及他周游列国游说各诸侯施行仁政的行事作风则不难看出，上述第二种观念更符合孔子的本意。

王阳明对于思与行的关系则这样认为：知是行之始，行是知之成，意在强调知与行的统一。所谓知，便是对事情各方面的思考与了解，只有思考明白、了解清楚了才能开始行动；所谓行，便是将那些思考明白、了解清楚的东西付诸实践，如此才能有所成就。王阳明指出，圣人之学乃身心之学，其要领在于体悟实行，不可将其当作纯粹的知识，仅仅流于口耳之间。

三思而行，已成为对冲动气盛的年轻人最好的劝谏，历来备受世人推崇。人们相信，经过深思熟虑的决定才是最好的，经过反复思量的行动才能顺利地进行。遗憾的是，由此而形成了一种重思考而轻行动的风气。或许是过于谨慎，过于追求万无一失，人们将大量的时间与精力用在无限的沉思之中，结果越想越觉得准备得不够充分，越想越觉得存在很大的问题，想着想着，本可以尝试的想法变成了不可能完成的任务，无疾而终。由于人的思维空间是无限宽广的，不受客观事物与能力的强行束缚，因此，想着想着便偏离正轨，越想越远而找不到重点。当人们在思想的海洋中畅游太久而迟迟不上岸来付诸实践，结果无疑是窒息于其中，失去了付诸实践的机会。

唐代，中原有一片山脉盛产灵蛇，蛇胆和蛇心都是很好的药材，虽然蛇毒剧烈，见血封喉，可是为了赚钱，很多人不惜冒着生命危险去捕蛇。一天，来自南方的三个年轻人来到附近的村子，准备进山捕蛇。

年轻人甲在村里住了一天，第二天清晨便收拾行装上山捕蛇，但是几天过去了，他都没有回来，他不懂得蛇的习性，在山里乱窜，惊扰了灵蛇；而他又不懂如何捉蛇，最终因捕蛇而丧命。

年轻人乙见状，心中害怕不已，再三思虑要不要去山里捉蛇，他每天都站在村口，向大山的方向望去，时而向前走几里路，不久又走回来，终日惶惶然地行走于村子与大山之间。

年轻人丙则充分考虑了如何寻找蛇穴、捕蛇、解毒等问题，并经常向村里人讨教，掌握寻找蛇穴、引蛇出洞等捕蛇的技术，学习制作解毒的药剂。经过半个月的准备，年轻人丙带着工具上山了。七天过去了，大家都以为他已经丧命，可是年轻人丙竟然背着沉重的箩筐回到了村里。他捕到了上百只灵蛇，赚了很多银两，之后还做起了药材生意，成为著名的捕蛇之王。

三个年轻人一起捕蛇，一个毫不考虑、鲁莽行动；一个思来想去、迟迟不动；一个经过深思熟虑之后付诸行动。三个人对待思与行的不同态度，注定了他们的际遇截然不同。思考与行动是相辅相成的。无论偏向于哪一方，都难成大事。诸如乱猜结果蒙对、想发财就捡到钱等意外、碰巧之事，不过是人生乐章中少之又少的特殊音符，难以用它来谱写一生的成就。

思考与行动，是人生至关重要的一件事，如人之生老病死，难以避免。小到处理家庭琐事，大到掌握国家命脉，不假思索地行动和多番思虑却不见行动的人，轻则败家，重则亡国。思与行，不可偏其一，这是中国几千年的历史积淀下来的经验，也是王阳明知行合一的观点所在。

把学问用在实处

圣学只一个功夫，知行不可分作两事。

——王阳明

古往今来，但凡做学问的大家，皆强调学以致用，主张在实际中发挥学问的作用。儒家圣贤孔子周游列国，欲以其学说劝谏各诸侯治国之道，虽受时势的阻碍未能成功，但在之后的太平盛世则成为占统治地位的思想学说，塑造了两千多年封建王朝的文化根基和国民性格。北大第一任校长蔡元培对孔子的治学之道提出了独到的见解，他认为，一个人求学问就是为了经世致用，即便刚开始时有人不了解，还是要一如既往地去做，这样才能学得真学问。

何谓"经世致用"？"经世"就是要考察我们生活的社会，知道社会的问题，同时要在社会中去寻找知识；"致用"就是要把所学的知识与社会中存在的问题联系起来,并通过学习知识来提出解决问题的办法。清朝末年,由于帝国主义的侵略,国家处在生死存亡的紧要关头。在那种情况下,经世致用之学,再度兴起。魏源、龚自珍以及稍后的康有为都是这方面的代表。他们借经书的"微言大义"来宣扬自己社会改革的主张,对警醒国人、救国图存起到了很重要的作用。

王阳明主张知行合一,认为知行的本体并不是先知后行,或者将知与行分为两件完全不同的事来做。他认为,圣人的学说只有一个功夫,那就是认识和实践不可以分成两件事,也就是他所说的"知之真切笃实处即是行,行之明觉精察处即是知"。真正做到知与行的合一,就要在学习的过程中以实践来检验知识的正确与否,在实践的过程中更深刻地理解所学知识的内涵,如此才能将所学知识经世致用。晚清名臣曾国藩也特别注重"经世致用",他强调要将书上的学问运用到实际生活当中。

曾国藩带兵十分注重筹饷工作,是因为兵书上说"兵马未动,粮草先行"。因此,湘军的饷银是当时最高的。如此一来,士兵自然愿意加入曾国藩的队伍。兵书上也说治军要"上下同心",曾国藩就注重对士兵们信念的培养,他把"湘军"打造成了一支上下齐心的军队。曾国藩的手下大多是流落民间的知识分子。这些人得到了曾国藩不遗余力地提拔和重用,因此形成了以曾国藩、胡林翼、左宗棠、李鸿章为首的"湘军"政治集团。

曾国藩强调的经世致用正是王阳明所说的知行合一。然而，王阳明的弟子徐爱却未能领会王阳明关于知行合一的意思，与王阳明的另两位弟子黄绾、顾应祥反复辩论，始终未能得出明确的答案，于是向王阳明请教。

徐爱说："比如现在的人都知道要孝顺父亲、尊敬兄长，然而却又不能做到，这就是说，'知道应该怎样'和'真正做到'分明是两件事。"

王阳明说："你说的这种情况已经被人的私欲阻碍，已经不是知行的本体了。圣贤教育世人知与行，正是要恢复知行的本体，不是只教人们如何知、如何行就算了。因此，《大学》里提到了一个真正反映知行本体的例子给世人看，即'如好好色，如恶恶臭'。看见美色属于知，喜欢美色属于行；人在看见美色时自己本身就已经有喜欢之心，而不是见了之后又有个想法去喜欢。闻到恶臭属于知，厌恶恶臭属于行；闻到恶臭时自己就已经厌恶了，并不是闻到之后又另有个想法去厌恶。比如鼻塞的人，即使看到恶臭的东西在自己面前，但由于鼻子闻不到，也就不会太厌恶，这也只是因为他还没有在实践中认识到臭味儿……"

如果学问不能用来指导自己，我们就很难取得任何进步，这样的学习又有什么意义呢？由此可知，我们学习知识，不能只知学习，不知联系实际。要做到知行合一，经世致用。倘若埋头苦读若干年却不知道学来有何用，便容易失去继续求学的动力，无法树立人生的目标，难以明确前进的方向。

千里之行，始于当下

　　我辈致知，是各随分限所及。今日良知见在如此，只随今日所知扩充到底；明日良知又有开悟，便从明日所知扩充到底；如此方是精一功夫。

——王阳明

　　"活在当下"，所谓"当下"，就是现在正在做的事，现在所处的环境，现在遇到的人。"活在当下"就是要把关注的焦点集中在这些人、事、物上面，全心全意地投入和体验这一切。活在当下是一种全身心地投入生活的人生态度。当你活在当下，当你全部的能量都集中在这一刻，生命因此更具一种强烈的张力。

　　"当下"之所以如此重要，因为它是千里之行的起点。人生漫漫长路，只从当下开始。无论是过去的，还是即将到来的，都不如当下的一切来得真切、来得实在。王阳明说过："我辈致知，是各随分限所及。今日良知见在如此，只随今日所知扩充到底；明日良知又有开悟，便从明日所知扩充到底；如此方是精一功夫。"意思是，我们致良知，因各人的差异而达到不同的程度。今天达到这样的程度，就根据今天所能理解到的扩充下去，明天又有了新的理解，便从明天理解到的扩充下去，这才是专注于一个目标的功夫。王阳明认为，初学者对于修身养性的功夫,应当循序渐进,着眼于当下,而不是妄图将来。

活在当下,意味着要抛开往事的牵绊。人活一世,不可能不做错事,也不可能完美无缺。关键是能够改正错误,接受遗憾。倘若一味沉浸于过去,则难以关注当下的一切,更难以开启未来之门。

古时候,有户人家有两个儿子。当两兄弟都成年以后,父亲把他们叫到面前说:"在群山深处有绝世美玉,你们都成年了,应该做探险家,去寻求那绝世珍宝,找不到就不要回来了。"

两兄弟次日就离家出发去了山中。大哥是一个注重实际、脚踏实地的人。有时候,即使发现的是一块有残缺的玉,或者是一块成色一般的玉,甚至那些奇异的石头,他都统统装进行囊。过了几年,到了他和弟弟约定的会合回家的时间,此时他的行囊已经满满的了,尽管没有父亲所说的绝世完美之玉,但造型各异、成色不等的众多玉石,在他看来也可以令父亲满意了。后来弟弟来了,却两手空空,一无所得。弟弟说:"你这些东西都不过是一般的珍宝,不是父亲要我们找的绝世珍品,拿回去父亲也不会满意的。我不回去,父亲说过,找不到绝世珍宝就不能回家,我要继续去更远更险的山中探寻,我一定要找到绝世美玉。"

哥哥带着他的那些东西回到了家中。父亲说:"你可以开一个玉石馆或一个奇石馆,那些玉石稍一加工,都是稀世之品，那些奇石也是一笔巨大的财富。"

短短几年，哥哥的玉石馆已经享誉八方，他寻找的玉石中，有一块经过加工成为不可多得的美玉，被国王御用作了传国玉玺，哥哥因此也拥有了倾城之富。

在哥哥回来的时候，父亲听了他介绍弟弟探宝的经历后说："你弟弟不会回来了，他是一个不合格的探险家。他如果幸运，能中途醒悟，明白至美的东西是不存在的这个道理，是他的福气。如果他不能早悟，便只能以付出一生为代价了。"

很多年以后，父亲奄奄一息。哥哥对父亲说要派人去寻找弟弟。父亲说："不要去找了，如果经过了这么长的时间和挫折，他都不能顿悟，这样的人即便回来又能做成什么事情呢？世间没有纯美的玉，没有完美的人，没有绝对的事物，为追求这种东西而耗费生命的人，何其愚蠢啊！"

弟弟不懂欣赏，不懂抓住当下，因此失去了本该收获的美好。其实，世界并不完美，人生一定会有遗憾。不完美是客观存在的，我们无须怨天尤人。

活在当下，意味着要踏踏实实地努力于眼前的事，把握眼前的时机，而不是寄希望于明天，寄希望于一个新的开始。无论人生的目标有多么明确，未来总是充满了诸多的未知因素，足以令计划赶不上变化。我们只有从现在开始努力，才有可能获得成功。

现实生活中，很多人都无法专注于现在。他们总是若有所思，心不在焉，想着明天、明年甚至下半辈子的事。他们喜欢预支明天的烦恼，想要早一步解决明天的问题。然而，即便明天有问题，今天也是无法解决的。每一天都有每一天的人生功课要交，努力做好今天的功课才是关键。

由此可知，千里之行，始于当下。有志之人，必当从现在做起，日积月累，为实现伟大的理想奠定坚实的基础。那些连今天都把握不住的人，又何谈将来？

成功不在难易，在于身体力行去做

未有知而不行者，知而不行，只是未知。

——王阳明

获得成功的方法有很多，然而无论是哪一种，即便是最简单、最投机取巧的成功之道，也无法在空想中实现。原因很简单，思想的力量只有在行动中才能发挥作用。为学如此，处世亦如此。要想收获成功，必须首先在身体力行上下功夫。

王阳明作为心学一派的代表人物，同样强调行动的重要性。他认为，知道一定的道理却不采取行动的人，并不算真正了解道理的人。正如现实生活中，那些妄想着坐享其成的人，并不知道"有付出才会有回报"的道理，就算他们知道，也并不了解其中的深意，否则便不会"知而不行"了。所以，当需要一样东西的时候，前提是必须行动和付出。

张溥是明代的大学者，他有非常独特的读书方法，那就是通过多次抄写、多次阅读、多次焚烧的办法，加深理解、熟读精思，所以叫"七焚法"或"七录法"。张溥的"七焚法"分三步。第一步，每读一篇新文章，就工工整整地将它抄在纸上，一边抄一边在心里默读；第二步，抄完后高声朗读一遍；第三步，朗读后将抄写的文章立即投进火炉里烧掉，烧完之后，再重新抄写，再朗读，再烧掉。这样反复地进行七八次，一篇文章要读十几遍以上，直至把文章彻底理解，背熟于心为止。张溥一直坚持这种读书法，他把自己的书房叫作"七焚斋"，也叫"七录斋"，并把自己的文集命名为《七录斋集》。

张溥反反复复练习，不知不觉就把自己雕琢成器了。人们常说，我们生活在一个很现实的世界里。"现实"不仅体现在人情冷暖上，更体现在行动的力量上。行动是一个人的知识、智慧、思想境界等"虚"的东西的现实载体。人们往往看重"知识就是力量，智慧就是财富"，却忽略了自己的行动，忽略了行动带来的无穷力量。实际上，只要开始行动，就算成功了一半。因为行动能够将知识、智慧、思想境界的力量切实发挥出来，从而形成一股强大的推动力量，在方向正确的前提下，能够推动行动者更快地迈向成功。

世界上牵引力最大的火车头停在铁轨上，为了防滑，只需在它8个驱动轮前面各塞一块约2.5厘米见方的木块，这个庞然大物就无法动弹。然而，一旦火车头开始启动，这小小的木块就再也挡不住它了；当它的时速达到160千米时，一堵1.5米厚的钢筋混凝土墙也能轻而易举地被它撞穿。

从一块小木块令其无法动弹，到能撞穿一堵1.5米厚的钢筋混凝土墙，火车头的威力为何变得如此巨大？原因不是别的，是因为它开动起来了。

俗语说"火车跑得快，全靠车头带"，火车头不只是方向的象征，更是力量的体现。很多人往往因为低估了自身的能力或者惧怕眼前的困难而放弃行动，殊不知，一旦行动起来，其威力往往超乎想象，甚至能够轻松突破障碍，超越自我极限。前提就是，必须行动起来！

王阳明讲知行合一，经常拿"写字"来举例。他说，"我要写字"是"知"，而提笔写就是"行"，想要知道一个字是如何写的，就需要付诸实践才行。所以有了"知"就一定要行动起来。

行动，是通往成功的必经之路。只有行动起来，才能真正把握成功的契机。有才之人最怕的，莫过于错失良机、壮志难舒。要想把握那千载难逢的机会，等待是必不可少的，但行动最关键。成功不在难易，而在于"谁真正去做了"。这个世界上从来不缺乏机遇，缺乏的是能够抓住机遇的手。只有在恰当的时机主动出击，才能把握住成功的契机，成就人生的梦想。

磨盘只在转动时才能磨面；风车只在转动时才能发电；人，只有在行动的过程中才能获得成功，创造奇迹。只有身体力行，才能使人格魅力与办事能力达到完美结合，才能在展现自我的擂台上独占鳌头。要想得到他人的器重，就得有所表现；要想把握住成功的契机，就得有所行动。为人处世，与其吹得天花乱坠，不如做到滴水不漏，方能日进千里，收获成功。

大胆尝试，实践出真知

如人走路一般，走得一段，方认得一段；走到歧路处，有疑便问，问了又走，方渐能到得欲到之处。

——王阳明

王阳明的父亲王华于成化十七年（1481年）的科举考试中高中状元，进京为官，不久便将王阳明接到京城生活。王华对儿子的起居生活以及学业都已经做了很好的安排，他认为王阳明应该和自己一样读书考科举，随后走入仕途，光宗耀祖。年少的王阳明虽然遵循父亲的安排，但是心中另有所想。在他看来读书考科举不一定是人生的第一大事，读书做圣贤才是第一等大事。立下大志后的王阳明便开始摸索成为圣贤的道路：15岁试马居庸关、17岁钻研宋儒朱学，之后又追求心学境界。在不断地尝试和突破中，王阳明渐渐有所领悟，最后创立心学。

在日常生活中，很多人从小就被"家长的期望"安排着。比如小时候在哪一所学校读书，长大了从事什么样的职业，建立怎样的家庭……前半生有太多的时间在我们还没来得及思考的时候，就已经被家长们安排、规划好了。没有追逐，没有尝试，甚至也没有挫折和失败，一切都按部就班地进行着。可是，在这样的安排中，我们内心的愿望被忽略，心中的梦想被埋没，虽然走得很顺畅，却不真实。因为在这一路的顺畅中，我们缺少了尝试的失败，缺少了亲身经历的深切体悟。

五代时期的画虎名家厉归真从小喜欢画虎，但是由于没有见过真的老虎，别人总笑话他把老虎画成病猫，于是他决心进入深山老林，寻找真的老虎。他经历了千辛万苦，后来在猎户的帮助下，终于见到了真的老虎。他通过大量的写生临摹真虎，其画虎的技法突飞猛进，笔下的老虎栩栩如生。他从画虎中得到启发，后来又用大半生的时间游历了名山大川，最后终于成为一代绘画大师。

实践出真知，画画也是如此，如果厉归真只是局限在书斋里，没有看到真正的老虎，不管他怎样努力也只能画出一只像猫的老虎。只有真正地去观察老虎，才能使自己所画的老虎具有生气。耳闻不如眼见，实践能促进成功！

长辈们经常说的那些良言，都是经历了岁月的检验最终被证明为正确的人生智慧，可是，我们的人生，难道不应该由我们自己去一步一步地走出来吗？吸取前人的经验教训是正确的，但没有经历过大胆的尝试，没有用自己的实践去摸索，则难以取得超越前人的成就，难以创造一番前所未有的事业。就像我们走路一样，走了一段才能认识一段，走到布满荆棘处才能深刻领悟战胜困难的艰辛，才能发掘自己的潜能，发现战胜困难的方法，以此为鉴，一步一步走下去，才能到达比前人更高更远的地方。

在一个村子里，有个渔夫有一流的捕鱼技术，被人们尊称为"渔王"，每次外出打鱼，总是他收获最多。然而渔王非常苦恼，因为他的三个儿子的捕鱼技术都很平庸。于是渔王经常向人诉说心中的苦恼："我真不明白，我捕鱼的技术这么好，我的儿子们为什么这么差？我从他们懂事起就传授捕鱼技术给他们，从最基本的东西教起，告诉他们怎样织网最容易捕到鱼，怎样划船最不会惊动鱼，怎样下网最容易请鱼入瓮。他们长大了，我又教他们怎样识潮汐、辨鱼汛。凡是我长年辛辛苦苦总结出来的经验，我都毫无保留地传授给了他们，可他们的捕鱼技术竟然赶不上那些技术比我差的渔民的儿子！"每次，村里的人听完后都会表示遗憾。

有一天，一位路过的老人听了他的诉说后，问："你一直手把手地教他们吗？"

渔王说："是的，为了让他们学到一流的捕鱼技术，我教得很仔细、很耐心。"

老人又问："他们一直跟随着你吗？有没有犯过什么错误？"

渔王回答："是的，为了让他们少走弯路，我一直让他们跟着我学。在打鱼的时候，他们的方法都没有问题，从没有出过差错，但是打上来的鱼总是没有别人的多。"

老人想了片刻，感慨道："如此看来，其中的原因就很明显了。他们只知道认真学习你传授给他们的技术，却没有在下海打鱼的过程中总结自己的失败教训和成功经验。这样学下去，不仅难以达到像你一样的水平，更难超越你而有更高的成就了！"

渔王的捕鱼技术固然高明，但他那一套方法并不一定适合他的三个儿子。学习基本的技能是必需的，然而更重要的，是在学习的过程中大胆尝试，在实践的过程中总结自己的经验和教训，如此才能有所觉悟，才能寻找到真正适合自己的一套方法，才能更进一步，有所成就。别人的经验只能用来借鉴，而不能生搬硬套。只有自己去尝试，自己去实践，才能有更深刻的体会，才能掌握对自己最有用的方法。

现实生活中，很多人难以摆脱父母的期望，在既定的生活框架中遵循着前人的步子平稳地前进。然而，生命的意义并不在于一代又一代的重复，而在于前所未有的超越与突破。正如王阳明所言："如人走路一般，走得一段，方认得一段；走到歧路处，有疑便问，问了又走，方渐能到得欲到之处。"每一个人都可以走出一条不一样的人生道路，都有能力去创造不同于前人的精彩。困惑是在所难免的，遇到了便自己去寻找答案，方能渐渐弄清楚自己人生的方向。前提就是，敢于大胆尝试，在实践中体悟一份真正属于自己、适合自己的人生智慧。

不逆不亿，言行一致

不逆不亿而为人所欺者，尚亦不失为善，但不如能致其良知，而自然先觉者之尤为贤耳。

——王阳明

儒家思想自古强调诚信的重要性。王阳明在给弟子的回信中曾谈道："'不逆不亿而先觉'，此孔子因当时人专以逆诈亿不信为心，而自陷于诈与不信。又有不逆不亿者，然不知致良知之功，而往往又为人所欺诈，故有是言。非教人以是存心而专欲先觉人之诈与不信也。以是存心，即是后世猜忌险薄者之事，而只此一念，已不可与入尧、舜之道矣。不逆不亿而为人所欺者，尚亦不失为善，但不如能致其良知，而自然先觉者之尤为贤耳。"由此可见，不事先怀疑别人的欺诈、怀疑别人的不诚信，并以"致良知"的功夫而不受人所欺，是待人以诚的一个极为重要的方面。而另一个方面，则是"示己之诚"——以自己的实际行动履行诺言，以示诚信之心。诚实守信，既是中华民族流传千年的传统美德，更是做人的基本准则。

曾子是孔子的学生。有一次，曾子的妻子准备去赶集，由于孩子哭闹不已，她便答应孩子回来后宰猪给他吃。曾子的妻子从集市回来后，曾子便要捉猪来宰，妻子阻止说："我不过是跟孩子说着玩的，你怎么还真动手了呢？"曾子说："答应孩子的事是不可以说着玩的。小孩子不懂事，凡事跟着父母学，听父母的教导。现在你哄骗他，就是教孩子骗人啊。"于是曾子坚决把猪宰了。

倘若曾子因可惜那头猪而失信于孩子，那么家中的猪是保住了，可孩子纯洁的心灵上却会留下不可磨灭的烙印。曾子用他的实际行动向孩子证明他是信守承诺的，也给后世之人留下了千古传颂的佳话。

近代学者梁漱溟曾说，中国文化的最大特征是"人与人相与之情厚"。也就是说，人和人之间感情非常深厚。这种深厚的感情唯有以互信为基础方能长久。世人常言"说到做到"，真正的行动才是对诺言最好的证明。倘若只在口头上夸下海口、许下诺言，却无法以实际行动去证明，即便能够蒙蔽一时，最终也难欺骗一世。

王阳明提倡知行合一，真知就必须行动，而真正的行动也必须达到知的目的。所谓"言必信，行必果"，以实际行动对自己的诺言负责，这是先贤们留给我们的人生智慧，这不仅是个人道德修养问题，更关乎社会责任感。现如今，人人都希望建立一个诚信的社会，却甚少有人能够一生都遵循"言必信，行必果"的原则，有的甚至以谎言作为信口开河、言而无信的幌子。人类社会发展至今，虽已进入高度文明的时代，无论治国安邦还是学术科研领域，都取得了比过去更为显著的成就。然而，人与人之间的信任程度却开始降低。反观历史，古人十分看重诚信，认为"言必信，行必果"才是君子所为，"一言既出，驷马难追"才堪称大丈夫之举。

张劭和范式同在太学学习，二人脾气相投，结拜为兄弟，后来两人分别返乡，张劭与范式约定第二年重阳时到范式家拜见他的父母，看看他的孩子。当约定的日期快到的时候，范式把这件事告诉他母亲，请他母亲准备酒菜招待张劭。

然而，范式左等右等，直到太阳西坠，新月悬空，仍不见张劭来赴约。母亲问："你们分别已经一年了，相隔千里，你就那么相信他吗？"范式回答："张劭是一个讲信用的人，他一定不会违约的。"范式一直候在门外，直至深夜时分，才见一黑影隐隐飘然而至，仔细一看，来的却是张劭的鬼魂。原来为了养家，张劭忙于经商，不知不觉忘了二人的重阳之约，直到当日早上才回想起来。可是，从张劭所在的山阳到这里足有一千里路，一天之内无论如何都走不到了。为了守约，他想起古人说过：人不能一日千里，而鬼魂可以。于是挥刀自刎，让鬼魂来赴约。

"请兄弟原谅我的疏忽。看在我一片诚心上，你去山阳见一见我的尸体，那我死也瞑目了。"张劭的鬼魂话音未落，便飘走了。而范式在赶到山阳见了张劭灵柩后，自愧张劭为己而死，也挥刀自刎来回报张劭的信义！众人惊愕不已，后来就把二人葬在了一起。汉明帝听说此事，非常赞赏二人之间的真诚与心意，在他们墓前建了一座庙，称为"信义祠"。

为了以行动来履行一年前的承诺，张劭不惜以放弃生命为代价；范式为回报故友的一片赤诚之心，同样舍命相陪。虽然此事未必属实，然张、范二人之间的故事能够流传至今，备受推崇，可贵之处便在于那份"生命诚可贵，诚信价更高"的为人处世之道。

　　生活中，我们经常需要用承诺来取信于他人，与此同时，我们更需要用实际行动来支撑我们的承诺。没有行动的证明，一切口头承诺都只是空谈。倘若将一时的失信于人看作无伤大雅的小错，那么，最终将造成一生都无法弥补的遗憾。

　　失信于人，不仅会侵蚀一个人的良知，更会令其失去他人的信任，生命因此变得黯淡无光。只有能够坚持"言必信，行必果"的守信之人，才能够得到他人的信任与器重，才有可能站到巨人的肩膀上，成就一番丰功伟绩。他的人生，将会因此而绽放出灿烂夺目的光芒。

第八章 忍耐心：岁寒，然后知松柏之后凋也

苦是乐的源头，乐是苦的归结

哑子吃苦瓜，与你说不得。尔要知我苦，还须你自吃。

——王阳明

生活的波浪在高峰时，人即显得快乐，在低谷时，人便显得痛苦。而波浪永远都是忽高忽低，没有永恒的上扬，也没有永恒的倾泻，所以人生是痛苦与快乐交织并行，二者相伴相生，既有矛盾又有联系。所谓"没有痛苦也就无所谓快乐"，就是告诉我们要正确对待人生的苦乐。

王阳明 28 岁举进士，之后他担任过刑部主事、兵部主事。正当他要为朝廷出力的时候，政治劫难降临到他头上。正德元年（1506 年），因营救南京科道戴铣、薄彦徽等人，王阳明抗疏，触犯了宦官刘瑾，被罚廷杖，因此下狱，再被贬谪贵州龙场做驿丞。在赴任的路上，刘瑾又派人跟踪追杀。他侥幸逃过一死，之后他又乘坐一只商船游舟山，却不料遭遇飓风，船漂流至福建的武夷山。王阳明本想隐居武夷山，却又担心刘瑾找父亲麻烦，于是他到南京探望父亲之后，便辗转到达龙场。

逆境对个人的发展不利，但是能磨砺人的意志，使之由脆弱变得坚强，变得有韧性。王阳明历经了磨难，心性比以前更坚强了。他开始了解群众疾苦，为生民立命，在艰苦的环境中成长着，最终构建了心学理论的大厦。

其实，从长远来看，挫折和失败才是人生最宝贵的精神财富。没有苦中苦，哪有甜中甜？正如哈密瓜比蜜还要甜，人们吃在嘴里乐在心上；苦巴豆比中药还要苦。然而，种瓜的老人却告诉我们，哈密瓜在下秧前，先要在地底下埋上半两苦巴豆，瓜秧才能茁壮成长，结出蜜一样甜的果实来。

苦是乐的源头，乐是苦的归结。"不经风霜苦，难得蜡梅香。"成功的快乐，正是经历艰苦奋斗后产生的。吃得苦中苦，方能得成果。古人"头悬梁，锥刺股"，苦则苦矣，但他们下苦功实现上进之志，本身就是一种快乐，以苦为乐，苦中求乐，其乐无穷。

人生就是一个过程，航行在人生之船上，我们可能经历波涛汹涌，也会感受风平浪静。喜悦和幸福充斥在航行的途中，苦难和挫败也是航行的一部分，只有痛饮过航行中的所有感觉，人生才会完整。然而，在"痛饮人生的满杯"的过程中，悲苦从来都是无法逃避的，多苦少乐是人生的必然。

弟子们要出去朝圣。师父拿出一个苦瓜，对弟子们说：随身带着这个苦瓜，记得把它浸泡在每一条你们经过的圣河，并且把它带进你们所朝拜的圣殿，放在圣桌上供养，并朝拜它。

弟子朝圣走过许多圣河、圣殿，并依照师父的教言去做。回来以后，他们把苦瓜交给师父，师父叫他们把苦瓜煮熟，当作晚餐。晚餐的时候，师父吃了一口，然后语重心长地说：奇怪呀！泡过这么多圣水，进过这么多圣殿，这苦瓜竟然没有变甜。弟子听了，好几位立刻开悟了。

苦瓜的本质是苦的，不会因圣水、圣殿而改变；人生是苦的，修行是苦的，生命本质也是苦的，这一点即使是圣人也不可能改变，何况是凡夫俗子！去看过著名油画大师凡·高的故居的人都知道，那里只有一张裂开的木床和一双破皮鞋。凡·高一生潦倒困苦，没有娶妻，但也许正是生活上的困窘，帮他完成了在艺术上的造诣，使他成为大师中的大师，使他的作品成为经典中的经典。

我们的人生也应该是这样的，时时准备受苦，不是期待苦瓜变甜，而是真正认识那苦的滋味，这才是有智慧的态度。

圆满的人生并不是一辈子没有吃过苦，而是经历过、体验过那苦的滋味，超越那苦的感觉。苦与乐是生命的盛宴，是生命的波峰波谷，高低起伏，因而才会波澜壮阔。

当我们接纳苦，把苦看作人生的必然历程时，苦便不再是世俗的"苦"。同样，接受乐，把乐当作生命的历程，乐也不再仅仅是世俗的"乐"。去享受生命的盛宴，享受所有的高潮与低谷，活在生命的苦乐之中，由此生命的乐趣便已被我们掌握在手中。

面对成败淡定处之

譬如行路的人，遭一蹶跌，起来便走，不要欺人做那不曾跌倒的样子出来。

——王阳明

辉煌与低谷、成功与失败都只是人生的一段旅程。今天的辉煌不代表日后的成功，今天的成功也不能代表日后的低谷。正是这一段段不同的旅程才成就了此时此刻的我们，塑造着以后的我们。然而在低谷向辉煌、失败向成功转化的过程中，每个人的人生航线都会发生转折，而每一个转折都需要我们从容面对，淡然处之，勇敢继续下一段旅程。

被贬谪至龙场是王阳明人生的一个重大转折。他没有逃避，也没有自暴自弃，而是思考儒、佛、道思想，于艰难的生命波涛中寻找立身之本。他针对程朱理学越来越脱离人的生命而知识化、外在化的倾向，尤其是其末流暴露出来的支离破碎的弊病，以更加简易直接的功夫与"先立乎其大"的方法入手，开辟了另一条与朱子不同的成德之学，拓宽了主体自立自主的精神世界，展示了道德自律与人格挺立的实践精义及具体路径。

　　转折是我们每个人都必须面对的。如意或不如意，起决定作用的，并不是人生的际遇，而是思想的瞬间；成功或不成功，有时候也不是由个人的努力所决定，而是取决于意念的转换。当生活与感情皆陷入泥潭，倘若连迈出下一段旅程的勇气都没有了，那岂不是苦上加苦吗？

　　一个秀才模样的人悠闲地走在满是尘土的路上，这个秀才背着诗词，摇着脑袋，满是惬意的样子。

　　秀才出门已经一年多了，他原先是进京赶考的，但是考场失利，名落孙山，在心情黯淡中度过了几个月的黑色时光，整日借酒消愁，以泪洗面。两个月前，他和几个朋友共游，与一老者相谈，秀才说出了心中的苦闷，老者听后，说道："昨天早上与你说话的第一个人是谁？"

　　秀才回道："这个已经忘了。"

　　老者问："那明天你会遇到什么人？"

　　秀才回道："这我哪里知道，明天还没来。"

　　老者问："此时此刻，你面前有谁？"

　　秀才愣了一下，说："我面前当然是您啊。"

　　老者轻轻点头道："昨天之事已忘却，明日之事尚未来，能把握的唯有此刻，你又何必对过去之事耿耿于怀，因为明天不可知，昨日已过去，不如放下挂念，平淡对之，你并没失去什么，不过是重新开始。"

秀才瞪大双眼，等着老者继续说下去，他似乎听懂了老者话中的意思。

老者说道："既然又是新的开始，又何来执着于以前？如潺潺溪水，偶被沙石所阻，但其终究万里波涛始于点滴。你可明白了？"

秀才微笑着点点头，此刻的他，已经有了新的打算。在京城办完了一些事情后，秀才告别朋友，踏上了回家的路。他决定在三年之后，再考一次。

常人说，害怕失败，是因为想得太多，想得太多是因为情绪太盛。秀才考场失败后，顿觉人生颓唐，也是同样的道理，好在他及时醒悟——心境归于平淡，目标得以重新确立。在这个秀才身上，看到的并不是放弃后的心如止水、两眼迷离，而是再度追逐后的豁然，因为这种豁然，不再对过去耿耿于怀，不再对未知的将来作不肯定的畅想，心落在了此时此刻，想的是现在需要做的事以及如何将其做好。

成功和失败都是生活的转折点，每一次成功都是一个新的开始，每一次失败也都是为成功做准备。当面对成功与失败时，没有比迈出下一段旅程的勇气更重要的了，无论再好的计划与机会，不往前迈一步，那就永远都无法成功。

一位作家曾说："生命是个橘子，自己决定了生命，就像你选择买了这个橘子，酸甜就要自己负责了。生命是个橘子，一瓣跟着一瓣，有时一瓣瓣是甜的，也有时是酸的，但也要亲自尝了才知道。"生命本是一段旅程，每一段旅程，都需要一个开始，都需要靠你自己去生活、去体验、去锻炼，去接受成功与失败。

事实上，成功者能够不断获取成功不在于他们有多高的智慧，而是在于他们无论是成功或失败，都敢于往前迈一步，哪怕只是小小的一步，都是迈向成功的必经之步。王阳明在回答学生的问题时说，走路摔跤是正常的，跌倒了便要起来继续走，不要做出一副从来没有跌倒过的样子，也不要站在原地不敢动。

在人生的过程中，可以累积小冒险、小失败、小挫折、小成功、小胜利，唯有不断经过尝试，你才能让自己找到目标、找到方法。学习开始小步前进，体验小小的风险和小小的冒险，直到冒险的经验已够多，让你有信心去实践更大的梦想。绽放生命，需要你勇敢迈向下一段旅程。

耐住等待，才能苦尽甘来

诸君只要常常怀个"遁世无闷，不见是而无闷"之心，依此良知，忍耐做去。

——王阳明

"沧浪之水清兮，可以濯吾缨；沧浪之水浊兮，可以濯吾足。"当年渔父的一首《沧浪歌》，虽隔了几千年，音犹在耳。从中我们可以悟出一个道理，一个人无论身处清世抑或浊世，都要刚直进取，要有豁达的心胸，只有耐得住等待，才会苦尽甘来。

面对无道昏君和奸佞小人，很多贤者要么选择迎面直对，要么选择委曲求全。然而，王阳明却选择了等待。他并未向奸臣屈从，也没有速死以求解脱，他选择了坚持和忍耐。

王阳明一心为国，却忍受了莫大屈辱。"何玄夜之漫漫兮，悄予怀之独结。严霜下而增寒兮，瞰明月之在隙。风呹呹以憎木兮，鸟惊呼而未息。魂营营以惝恍兮，目窅窅其焉极！懍寒飚之中人兮，杳不知其所自。夜辗转而九起兮，沾予襟之如泗。"从这些诗句中能够看出王阳明内心之苦楚与郁结，自己一片忠心，却无人理解。"何天高之冥冥兮，孰察予之衷？"然而，也正是这份等待和坚持，王阳明扼守着自己的良知，以平和的心态执着一份信念，最终在孤寂决绝中省悟："圣人之道，吾性自足，向之求理于事物者误也。"

欲成事业就要耐得住挫折和落寞，潜心静气，才能深入"人迹罕至"的境地，汲取智慧的甘饴，如果过于浮躁，急功近利，就可能适得其反，劳而无功。

《庄子·内篇·逍遥游》说："北冥有鱼，其名为鲲。鲲之大，不知其几千里也；化而为鸟，其名为鹏。鹏之背，不知其几千里也；怒而飞，其翼若垂天之云。"北冥之鲲化身为鹏的过程虽然短，但在此之前力量的累积非一朝一夕能够完成。

"鲲化鹏"的故事包含着两个方面：沉潜与腾飞。在人生的某个时刻，或是耽于年幼，或是囿于困境，都只能沉潜在深水之中，而一旦时机成熟，或自身储备了足够的能量，就能摇身一变，展翅腾飞了。

等待既是为了使自己能够安心地韬光养晦，更是为了有朝一日一振而飞。

春秋时期楚国著名的贤君楚庄王，少年即位，面对混乱不堪的朝政，为了稳住事态，他表面上三年不理朝政，声色犬马，暗地里实则在等待时机，旁人问他，他说："三年不飞，飞将冲天；三年不鸣，鸣将惊人。"

果然，其后楚庄王励精图治。他在位的二十二年间，知人善任，整顿朝纲，兴修水利，重农务商，楚国国力日渐强盛，先后灭庸、伐宋、攻陈、围郑，陈兵于周郊，问鼎周王朝，成为历史上著名的春秋五霸之一。

楚庄王可谓"厚积薄发"的典型，他并不惧怕蛰伏期间的碌碌无为所招致的质疑与轻蔑,而是心平气和地选择了等待。事实上,人生绝大多数时间都是在蛰伏,在积蓄,在等待。这种淡然、平静的姿态并非无为,而是以一种示弱的、最不易引起警觉和敌意的状态为自己争取到一种好的氛围,让人能够在静如止水、乐山乐水的淡然中获取自己想要的东西。

"世上无难事,只怕有心人。"熬不过等待的人得不到幸福。那些不愿意在寂寞中充实自我、等待机遇的人,多数会成为小打小闹的投机者。在一个著名的投机者的墓碑上写着这样的墓志铭:"他曾经生活、投机、失败。"生活与商海一样,投机所得也会因投机而失去。故而,不如与等待为友,有了长长久久的等待,才会有精钢出鞘的绝响。

苦不入心,生命自有芳华

凡"劳其筋骨,饿其体肤,空乏其身,行拂乱其所为,动心忍性以增益其所不能"者,皆所以致其良知也。

——王阳明

苦恼之于人,像运动员握在手里的铅球,除非尽全力抛出去,否则就是沉甸甸的负担。倘若一直把那些不幸的或者痛苦的经历捧在手里,势必身心俱疲。而如果不把苦楚与悲痛放入心间,生命也自然会绽放芳华。

王阳明初到贵州,便遭遇到意想不到的困难。那里的生活非常艰难，而且瘟疫肆虐。从中原流放到这里来的人，很多都死在中途。即使到了流放地，也很难融入当地人的生活，他们或者没有生活来源，或者生病无法医治，直至饿死病死。

在艰难困苦之中，王阳明以圣人对待困境的态度作为精神支撑，苦不入心。他在《初至龙场无所止结草庵居之》中说："缅怀黄唐化，略称茅茨迹。"他沉湎于儒、佛、道思想之中，并渐渐感悟。他将思想的粗略处与生活的精微处相结合，用内心的意志抵抗物质的贫瘠，对待凶险像对待坦途那样平静，而不在意谪居龙场的困苦。他曾感叹说：啊，这就是古圣人当囚徒而忘了自己是囚徒，老了也不以为意的原因了，我知道我也该这样度过自己的一生。

苦不入心，生命自有芳华。这样的逻辑思维，对于指导人们应对种种挫折、变故，无疑有极大的好处。人生好似一场考验，任何通向成功的道路上都布满了荆棘，充满了数不清的艰难与困苦、辛酸与煎熬。只有经得起考验的人，才能体验到生命的价值，才能最终绽放生命的芳华。在著名的佛学大师弘一法师的房间里，挂着他的一幅书法作品，上面有一句偈语：花繁柳密处拨得开，方见手段；风狂雨骤时立得定，才是脚跟。意思是说，只有经得起考验的，才是最好的。

车胤，字武子，东晋南平（今湖北公安一带）人。车胤自幼好学，可是由于家境贫困，没有钱买灯油在晚上读书。因此，到了晚上他只能背诵诗文。

一个夏夜，他在屋外诵书，忽然看到原野里如星星一样的萤火虫在空中飞舞。他突发奇想,萤火虫的光亮在黑夜里不正如灯一样吗?这样就能够彻夜苦读了!想到这儿,兴奋的他立即找来了白绢扎成一个小口袋,并抓了几十只萤火虫放在里面。果然真的很管用。

车胤就这样用功苦读,终于成了一个很有学问的人,后来做到吴兴太守、辅国将军、吏部尚书等。

"读书莫畏难",一个有志于学的人应该早早有心理准备,经得住各方的考验,才能够读有所成。不仅读书学习要经得住苦,生活也是如此。生活在给我们期待和欢乐的同时,给了我们很多的失望和伤心,很少有人能够生活得一帆风顺。但是当走过一段经历时,我们会发现那些你曾经跋涉的足迹多多少少都会留下成长的痕迹,而每一段的成长都是真实而亲切的,故而相信一切都是最好的安排!当我们沉溺于暗河时,如果能拥有一汪名为"乐在其中"的心湖,就不会再因生活的坎坷郁郁寡欢了。

初入仕途的王阳明因为伸张正义而被贬下狱,他虽然被关在破旧而又黑暗的监牢中,而且身体也遭受了严重的摧残,但是他的心更加坚定,好像沐浴在春风中,洒脱,浩荡。他说:"俯仰天地间,触目俱浩浩。"可见王阳明坦荡无私的胸怀。

生活固然不易,但我们不能总以苦脸回应苦脸。生活艰苦如何,衣衫破旧又如何,只要有一抹微笑,这些灰暗的色调就会全部被照亮。

奥斯特洛夫斯基说过:"人的生命似洪水在奔腾,不遇到岛屿与暗礁，便难以激起美丽的浪花。"苦难并不可怕，它如咸盐，有了它的调剂，生活才不会缺少滋味，苦难如烈酒，麻木过后的人会体验到释放的快乐，醉酒之后方知清醒的可贵。喜悦与悲伤、顺利与坎坷、幸运与不幸、得到与失去交织在一起，让生命显得更加多姿多彩，也让人在垂暮之年拥有了更多可供回首的往事。

生活本身就是一道难题，最艰难的是破解的过程。波澜不惊的生活对人们心灵的成长并没有多少益处，若想变得更加勇敢、更加坚强，反倒需要依靠苦难来给我们的心灵淬淬火，加点儿钢。

人生需要反复磨炼

常人之心，如斑垢驳杂之镜，须痛加刮磨一番，尽去其驳蚀，然后纤尘即见，才拂便去，亦自不消费力。到此已是识得仁体矣。

——王阳明

《诗经》中说："如切如磋，如琢如磨。"人生犹如一块璞玉，必须经过切、磋、琢、磨等精心打磨，只有自己努力来雕琢这块璞玉，才能使它成为完美无瑕的艺术品。

王阳明讲圣人之心与常人之心时说，圣人的心如镜子般明亮，丁点儿纤尘都无所容。而常人的心，则需要经过一番痛加刮磨，其表面的污垢杂质才可除去。王阳明的一生经历了种种艰难险阻，在他看来，都是磨炼心性的过程。

《传习录》中记载，王阳明的学生陆澄暂居鸿胪寺时，突然接到家中的来信，说是儿子病危。听到这个消息后，陆澄甚是担忧。

王阳明开导陆澄：这正是一个磨炼的机会，平日讲学探讨都没有什么用，只有在遇到困难的时候用功夫，才能够真正提升自己的能力。

王阳明就是抱着这种要到达更高的人生境界，就得经历千苦百难的磨炼的心态，慢慢磨炼自己的心性，慢慢体味人生，慢慢雕琢粗糙的自我，渐渐将心性打造成了美玉。像王阳明这般，如果仔细切磋琢磨自己的人生，会发现顽石中隐藏的是连自己都不曾察觉的美玉。如果不精雕细琢，安于粗陋的人生，那么终将平庸一世。

当然，并不是每一块石头都能成为璞玉，不是每一个贝壳都可以孕育出珍珠，也不是每一粒种子都可以萌生出幼芽。一个人的思想和意志得不到磨炼，就不可能有积极向上的动力。只有那些遇到挫折而不退缩的人，才能活出生命的意义。

很久以前，有一个养蚌人，他想培养一颗世上最大最美的珍珠。

他去海边沙滩上挑选沙粒，并且一颗一颗地问那些沙粒，愿不愿意变成珍珠。那些沙粒都摇头说不愿意。养蚌人从清晨问到黄昏，他快要绝望了。

就在这时，有一颗沙粒答应了他。

旁边的沙粒都嘲笑起那颗沙粒，说它太傻，去蚌壳里住，远离亲人、朋友，见不到阳光、雨露、明月、清风，甚至还缺少空气，只能与黑暗、潮湿、寒冷、孤寂为伍，不值得。

可那颗沙粒还是无怨无悔地随着养蚌人去了。

斗转星移，几年过去，那颗沙粒已长成了一颗晶莹剔透、价值连城的珍珠，而曾经嘲笑它的那些伙伴们，依然只是一堆沙粒，有的甚至已风化成土。

也许我们只是众多沙粒中最平凡的一颗，但只要我们有要成为珍珠的信念，并且忍耐、坚持，当走过黑暗与苦难的长长隧道时，我们就会惊讶地发现，在不知不觉中，我们已长成了一颗珍珠。每颗珍珠都是由沙子磨砺出来的，能够成为珍珠的沙粒都有着成为珍珠的坚定信念，并无怨无悔。

提到正身做人，想到了雕砚。砚石最初都是工匠从溪流里涉水挑选而来，石块呈灰色，运回后首先需要暴晒，因为许多石头在溪流里十分精致，却有难以察觉的裂痕，只有长时间受到日晒雨淋才能显现裂痕。未经打磨的石头，表面粗糙，不容易看出色彩和纹理，只有在切磨、雕琢、打光之后，才能完美而持久地呈现。雕砚最重要的一步就是修底，因为底不平，上面不着力，就没有办法雕好，无论多么细致的花纹与藻饰，都要从基础开始。

做人也是如此，无论表面怎样，经过琢磨，都会呈现美丽的纹理。从生活中历练，正如同在雕砚时磨砺，外表敦厚、内心耿介的君子，经过心志与机体的劳苦之后，方能承担大任。修底与磨砺都是正身的过程，戒与慎则是正身的方法。

王阳明注重将受束缚的常人之心变成圣人之心，这虽然是一个很艰难的改变过程，但是只要有永不退缩的勇气和毅力就可以完成。人生是要经过磨炼的，不经过反复磨炼，会使自己永远停留在原始的状态，无论在怎样的环境里都要精心琢磨自己，否则就不可能改变自己的人生，创造自己的价值。

深陷逆境，其实"别有洞天"

困知勉行，学者之事也。

——王阳明

里希特在《长庚星》里曾经这样描述苦难：苦难犹如乌云，远望去但见墨黑一片，然而身临其下时不过是灰色而已。苦难并不可怕，可怕的是面对苦难缺乏一种从容的健康心态。只要心情阳光，苦难永远也不能统治我们的生命，只要梦里有美景，冬天就永远也不会来临，只要在关爱中相互扶持，"黑夜"里也有最美丽的童话。

苦难可以使人更严肃地思索人生，启迪智慧。王阳明就是在不断地追求真理、维护真理，历经艰难，走出困境的过程中，逐渐明白一些百思不得其解的难题之后，悟出了"心"能左右一切的道理。

他在龙场附近的一个小山洞里品读《易经》，在沉思中"穷天人之际，通古今之变"，心境由烦躁转为安然，由悲哀转为喜悦，一种生机勃勃的情绪油然而生。在和当地农民的相处过程中，他体会到农民的朴实无华和真诚善良。他们为他修房建屋，帮助他渡过难关，使他感受到人间真情，深感良知的可贵，从中得到很多启示和灵感。

不经历巨大的痛苦，就不会有伟大的事业。我们每做一件事，都会在心中构筑一道障碍，直至完成，这些障碍都会一直存在。然而只要心中怀有美丽的"童话"，以积极乐观的态度应对发生的一切，"黑夜"里照样会开放出最美丽的花。

苦难是炼狱，我们应该勇敢地面对苦难，在苦难的磨砺中不断地练就自己，而不是将苦难看作人生不可逾越的鸿沟。在各种灾难之中之所以会有人奇迹般地活下来，不仅是因为他们比别人更幸运一些，更是因为他们有着别人没有的意志力，他们相信自己可以挺过去，于是咬紧牙关，最终渡过了难关。

人处逆境之中，可以明智，处顺境之中，刀光剑影立于前犹不自知。人往往身处逆境，人格、本领才会得到提高，此时的磨难反而不是一种苦果，而成了锤炼人心的工具。一切的磨难、忧苦与悲哀，都是铸就优秀品质的资本。正像田单处逆境而成功，居顺境而无所作为一样。我们在面对苦难与忧患的时候，如果能保持一颗平常心，对任何事情都清楚，居安思危，那么就没有什么事情是做不成的。

在平凡的日子里，一杯茶、一本书甚至偶尔邂逅的一抹绿都能带给我们感动和惊喜。而当我们深陷"黑夜"的时候，也要相信自己会有开花的季节，因为生命在达到某一沸点之前注定要经受很多的煎熬和等待、痛苦和折磨。然后，在某一刻我们就会突然明白，这样的生活其实才是对生命最真实的追求。你活的每一天都是值得的，都是精彩的。

曾看到一句话："生活有多难，就有多勇敢。"走过的，不只是经历，更多的是心的满足。从脆弱到丰盈，亦如春天，万物复苏，生命经历轮回而重新绽放，但是人的生命只有一次，所以我们要在有限的日子里完成无限的自我超越和前进，故而我们需要倍加珍惜当下的每一步、每一个选择。正如王阳明提倡"本心"，只要依照本心做事，积极地履行自己的使命和责任，那么自己的世界便是光明的。

每个人的人生都有"黑夜"，然而只要你在"黑夜"里种一颗光明的种子，它就会生根、发芽，最后开出光明的花朵。

寂寞是最大的考验

何处花香入夜清？石林茅屋隔溪声。幽人月出每孤往，栖鸟山空时一鸣。草露不辞芒履湿，松风偏与葛衣轻；临流欲写猗兰意，江北江南无限情。

——王阳明

每个想要突破困境的人首先都需要耐得住寂寞，只有在寂寞中才能催生一个人的成长。

王阳明在被贬谪期间饱尝各种人生摧残与折磨。为了摆脱寂寞和苦楚，他兴办书院、传递文化。他还经常和当地人交流，深刻感受到边地民众质朴人性的可贵和可爱。譬如彝族首领安贵荣知道他在龙场的艰难处境后，便主动给予他生活上的照顾，使他通过与少数民族"礼益隆，情益至"的密切交往，激发了悟道传道的生命热情。

虽然王阳明在贵州的时间不长，但贵州人对他的感情却十分深厚。在修文阳明洞，有彝族土司安国亨的题字，大书"阳明先生遗爱处"。《与安宣慰》的两封书信表达了他与当地少数民族之间情真意深，永志难忘。他所写的《居夷诗》百余首，还有《玩易窝记》《何陋轩记》《君子亭记》《宾阳堂记》，记述了他在贵州期间的心迹，是王阳明思想转变的历史见证。

一个人一生中的际遇肯定不会相同，但是当面对寂寞的时候，你要善于寻找方法帮助自己度过这人生最大的考验。只要你耐得住寂寞，不断充实、完善自己，当际遇向你招手时，你就能很好地把握，获得成功。

李忱是唐宪宗李纯的第十三个儿子，于长庆元年（821年）被封为光王。在他即位之前，贵为王爷的李忱不得不离京出走，这得从他当时的处境说起。李忱的母亲并不是一个有身份地位的妃子，她作为当时叛臣的罪孥进宫，结果邂逅了当朝皇帝，生下了李忱，可惜在李忱幼年的时候，唐宪宗就被宦官暗杀了，留下这一对母子，既不能母凭子贵，也不能子凭母达。

820年，李恒（李忱之兄）被宦官扶上皇位，是为唐穆宗。4年后穆宗服长生药病逝，其子敬宗李湛接任，但他只活到18岁，驾崩后由其弟文宗李昂、武宗李炎相继接任。

在这长达20年的时间里，三朝皇叔李忱的地位既微妙又尴尬，他只能以黄老之道，韬光养晦，装傻弄痴。尽管他为人低调，不事张扬，但光王的特殊身份，还是让他逃避不了被侄儿们猜忌、排斥、挤压的命运。文宗、武宗两位皇帝更是对他心存芥蒂，非但不以礼相待，还想方设法地迫害他。841年，唐武宗登基时，李忱为避祸全身，便"寻请为僧，行游江表间"，远离了是非之地。应该说，李忱当时做出的这一抉择，当属达人知命的明智之举。而流放底层，阅尽人世沧桑，也为他将来成大器提供了一个难得的机会。

法号"琼俊"的李忱虽然隐居于与世隔绝的深山之中，并没有一心向佛，忘却心中之志。握瑾怀瑜的他效法孔明，抱膝于隆中，准备待时而动。在唐武宗统治的6年间，他不停地通过秘密渠道打探宫内情况，积极从事夺权的活动，以实现"归去宿龙宫"的夙愿。

虽然他一直隐藏自己的这一志向，在福建境内的天竺山真寂寺的3年间，他言行谨慎，不露端倪。在一次与黄蘗和尚观瀑吟联时，他那深藏于心的雄才大略却通过一副对联表露无遗。一日，他与当时的名僧黄蘗和尚在山中闲话，面对悬崖峭壁上的一条飞瀑，黄蘗来了雅兴，对李忱说道："我得一上句，看你能否接下句？"李忱也兴致盎然，说道："你道来我听，我必对得上。"黄蘗于是吟道："千岩万壑不辞劳，远看方知出处高。"李忱几乎是脱口而出："溪涧岂能留得住，终归大海作波涛。"黄蘗听了，赞赏有加。

没有深沉的寂寞，哪有动地的长歌？李忱就像那瀑布，经历"千岩万壑不辞劳"的艰险后，终将飞珠溅玉、石破天惊。846年，忍辱负重的李忱在太监们的拥戴下，从侄儿手中夺过大位，成为唐宣宗，时年37岁。由于他长期在民间阅世读人，深知黎民疾苦，故躬行节俭，虚怀纳谏，颇有作为，号称"大中之治"。

耐得住寂寞，才能成就事业。它以踏实、厚重、沉思的姿态作为特征，以一种严谨、严肃、严峻的表象，追求着一种人生目标。当这种目标价值得以实现时，不喜形于色，而是以更低调的人生态度去探求另一奋斗目标和途径。而浮躁的人生是与之相悖的，它以历来不甘寂寞和一味追赶时髦为特征，为强烈的功利主义所驱使。浮躁的向往，浮躁的追逐，只能产出浮躁的果实。这果实的表面或许是绚丽多彩的，但绝无实用价值。

其实，寂寞不是一片阴霾，寂寞也可以变成一缕阳光。如果你勇敢地接受寂寞，拥抱寂寞，以平和的心态对待寂寞，你会发现寂寞并不可怕，可怕的是你对寂寞的惧怕；寂寞也不烦闷，烦闷的是你自己内心的空虚。寂寞的人，往往是感情最为丰富、细腻的人，他们能够体验人所不能体验的生活，感悟人所不能感悟的道理，发现人所不能发现的思想，获取人所不能获取的能量，最后成就人所不能成就的事业。

耐得住寂寞是一种人生品质，不是与生俱来的，也不是一成不变的，它需要长期的艰苦磨炼和凝重的自我修养、完善。耐得住寂寞是一种有价值、有意义的积累，而耐不住寂寞往往是对宝贵人生的挥霍。

一个人的生活中总会遇到这样那样的挫折，也会有这样那样的机遇，但只要你有一颗耐得住寂寞的心，用心去对待、去守望，那么成功一定会属于你。

第九章 反省心：静察己过，不论他人是非

自省是涤荡心灵的清泉

学须反己。若徒责人，只见得人不是，不见自己非。若能反己，方见自己有许多未尽处，奚暇责人？

——王阳明

少年时期的王阳明曾到居庸关去"见世面"，他被大漠风光深深地吸引，回来之后向父亲表达了以几万人马讨伐鞑靼的志向，当时父亲批评他太狂傲。之后，王阳明经过一番思考、自省后，向父亲承认了自己的错误。王阳明善于自省，自他立

志成为圣贤的那一天起,"格物穷理"成了他每天必完成的任务。但是,格物并不是一天两天就能见成效的,在"格物"的过程中,王阳明也一次次地思考、一次次地推翻自己的理论,最后才得以创立心学。可以说,王阳明的成功与他善于反躬自省是分不开的。

自省在于不断地反省自我,善于承担生命给你的那一部分责任。王阳明认为,人要经常自省,若老是去指责别人,看到的只能是别人的错误,就不会看到自己的缺点。反躬自省,才能看到自己的不足之处,也就不会去指责别人了。一个不善于反省自己过错的人,总是把过错推给别人、推给上天,反省自己却比登天还难,这样的人是不会成功的。

有人怀疑反省自己的作用,认为反省了半天也不见得能改变什么。其实,经过它的荡涤,就能让俗世纷纷扰扰的尘埃从我们心中流走。

一位老人和他的小孙子住在一块儿。每天早上,老人都坐在厨房的桌边读一本书。

一天,他的孙子问道:"爷爷,我试着像你一样读书,但是我不懂得书里面的意思。我好不容易理解了一点儿,可是我一合上书便又忘记了。这样读书能有什么收获呢?"老人安静地将一些煤投入火炉。然后说道:"用这个装煤的篮子去河里打一篮子水回来。"

孩子照做了,可是篮子里的水在他回来之前就已经漏完了。孩子一脸不解地望着爷爷。老人看了看他手里的空篮子,微笑着说:"你应该跑快一点儿。"说完让孩子再试一次。

这一次,孩子加快了速度,但是篮子里的水依然在他回来之前就漏完了。他对爷爷说道:"用篮子打水是不可能的。"说完,他去房间里拿了一个水桶。老人说:"我不是需要一桶水,而是需要一篮子水。你能行的,你只是没有尽全力。"接着,他来到屋外,看着孩子再试一次。

现在,孩子已经知道用篮子盛水是行不通的。尽管他跑得飞快,但是,当他跑到老人面前的时候,篮子里的水还是漏完了。孩子喘着粗气说:"爷爷,你看,这根本没用。"

"你真的认为这一点儿用处都没有吗?"老人笑着说,"你看看这篮子。"孩子看了看篮子,发现它与先前相比的确有了变化。篮子十分干净,已经没有煤灰沾在篮子上面了。"孩子,这和你读书一样,你可能什么也没记住,但是,在你读书的时候,它依然在影响着你、净化着你的心灵。"

其实,我们每一个人都应该有一本心灵的书,即使我们未曾记住一句话、一个字,却依然会终身受益。因为它会让我们的心灵如泉水般清澈、纯净,这就是自省的作用。

自省是使道德完善的重要方法,是涤荡心灵的一股清泉,它能给我们混沌的心灵带来一缕光芒。在我们迷路时,在我们掉进了罪恶的陷阱时,在我们的灵魂遭到扭曲时,在我们自以为是沾沾自喜时,自省就像一道清泉,将思想里的浅薄、浮躁、消沉、阴险、自满、狂傲等污垢涤荡干净,重现清新、昂扬、雄浑和高雅的旋律,让生命重放光彩,生机勃勃。

自省的主要目的是找出过失及时纠正，所以自省绝不可以陶醉于成绩，更不可以文过饰非。以安静的心境自查自省，才能克服意气情感的干扰，发现自己的过失。

只有善于发现并且敢于承认自己的过失，才能进一步纠正过失。我们常常看不到自己的短处，很多缺点都是通过旁人的指出才知道。这就要求我们有一颗平常心来对待别人善意的规劝和指责，反省自己。

俗话说，忠言逆耳利于行，那些逆耳忠言常常能照亮我们不易察觉的另一面。唐太宗李世民就有一面镜子——宰相魏征。倚助这位忠臣的当面进谏，唐太宗改正了自己的许多缺点，完善了治国之道，迎来了国家的空前繁荣。这个辉煌业绩的取得，不仅得益于魏征的敢于直言，更应归功于李世民的宽宏胸怀，试想，如果他是一个听不进意见的昏君，魏征可能早就人头落地了。正是由于他在听了魏征的谏言之后，能够认真地检讨自己、反省自身，才使得表面上听起来很刺耳的意见变成了治国安邦的金玉良言，而李世民的人格也因此变得崇高。

自省是一次自我解剖的痛苦过程。它就像一个人拿起刀亲手割掉身上的毒瘤，需要巨大的勇气。认识到自己的错误或许不难，但要用一颗坦诚的心灵去面对它，却不是一件容易的事情。懂得自省，是大智；敢于自省，则是大勇。割毒瘤可能会有难忍的疼痛，也会留下疤痕，却是根除病毒的唯一方法。只要"坦荡胸怀对日月"，内心光明磊落，自省的勇气就会倍增。王阳明的良知之说，即明心见性，就是以心为理，一切都在心中，所以只要心下自省，就是致良知。

子贡说："君子之过也，如日月之食焉。过也，人皆见之；更也，人皆仰之。"这句话的意思是，日食过后，太阳更加灿烂辉煌；月食复明，月亮更加皎洁明媚。君子的过错就像日食和月食，人人都看得见，但是改过之后，会得到人们更崇高的尊敬。

静察己过，勿论人非

是非之悬绝，所争毫厘耳。

——王阳明

议论他人是非并不是一个好的行为方式，古人曾如此告诫世人："时时检点自己且不暇，岂有工夫检点他人。"圣人孔子也说过："躬自厚而薄责于人。"意思是说，在静察己过的同时勿论人非。

而"勿论人非"体现出的是古人对于为人处世的另一层哲理性的思考与智慧。的确，有是非之言的地方便成了是非之地。人生在世，你有你的是非，他有他的是非，是非总是讲不清的，而人往往容易为是非所累。

祖孙俩买了一头驴，爷爷让孙子骑着驴时，别人议论孙子不懂得孝敬爷爷；孙子让爷爷骑着驴时，有人指责爷爷不疼爱孙子；祖孙俩干脆都不骑了，又有人笑话他俩放着驴不骑是傻瓜；祖孙俩同时骑在驴背上又有人指责他们不爱护动物。结果，不知所措的祖孙俩只好绑起驴扛着走了。

祖孙两人最后不知所措，是因为他们深为那些"是非"所累。"是非"本身就是极其无聊的谈资，没有任何的意义。而且那些喜欢在背后议论他人、搬弄是非的人往往也是可恶的人。其实，背后议论别人并非什么好事，也不是正人君子的作风，做人就应该光明磊落，有话就当面说，不要在背后搞任何的小动作。要知道，一味地去搬弄是非不仅害人，而且害己，对于自身而言没有任何好处，反而会让人看不起。

喜欢议论别人，对别人能够明察秋毫，而对自己却不能有个清醒的认识。越是喜欢议论别人的人，他本身也就存在着许多缺点，他们从不正视，不作自我批评。越是这样，缺点越是得不到改正，长此以往，缺点就会越来越多，到头来对自己没什么好处，对他人来讲也不会有什么好的影响。"正己才能正人"，不能律己，又何以要求别人呢？

在王阳明看来，是与非"所争毫厘耳"。的确，只差毫厘就有本质的变化了。正所谓"失之毫厘，谬以千里"，好与坏、对与错、是与非只在一念之间。既然是这样，那么莫不如少谈论一些是非，多一些对自己的省察。

静时存养，动时省察

省察是有事时存养，存养是无事时省察。

——王阳明

老子《道德经》中说："知人者智，自知者明。"只有自知，才能知人。确实，人需要有自知之明。特别是在身处困境、地位低下的时候，一个人更应该反省自身，多思考一下自己的缺陷和不足，才能借由不断地自我调整而进步。

王阳明也很看重自我省察，他说省察是有事的时候存养天理，存养天理是无事的时候省察。通过省察看清自己，不能因为境况的不如意而迷迷糊糊地混日子。

如果无法认清自己，就容易骄傲自满，就像装满了水的容器，稍一晃动，水便会溢出来。一个人若心里装满了骄傲，便很难听取别人的忠告、吸取别人的经验、接受新的知识。长此以往，必定故步自封，或止步不前，或猝然受挫。

大禹时代，一个背叛的诸侯有扈氏率兵入侵，夏禹派他的儿子伯启带兵抵抗，结果伯启被打败了。他的部下很不服气，要求继续进攻，但是伯启说："不必了，我的兵比他多，地也比他的大，却被他打败了，这一定是我的德行不如他，带兵方法不如他的缘故。从今天起，我一定要努力改正过来才是。"从此以后，伯启每天很早便起床工作，粗茶淡饭，照顾百姓，任用有才干的人，尊敬有品德的人。过了一年，有扈氏知道了，不但不敢再来侵犯，反而主动投降了。

像伯启这样，肯虚心地检讨自己，马上改正有缺失的地方，那么最后的成功，舍他其谁呢？伯启的经历，与孔子的一句话很是契合，孔子说："吾未见能见其过而内自讼者也。"意思是，我还没见过能因看到自己过失而深切自责的人。孔子教育学生要"修持涵养"，也就是注重修养。而"内讼"正是修养的一个不可缺少的部分。所谓"内讼"，说简单些，就是在内心对自己进行自我审判。怎么审判呢？就是在内心进行情感与理性、天理与人欲的权衡，找出自己的缺点，时时进行自我反省。

学到一点儿东西就自满自足，甚至不可一世、盲目骄傲，这都是可笑且可怜的。对自己心存不满的人就像一个不断装入石子、沙子、石灰及水的木盆，它总是能装下更多的东西，人生也便在日积月累中得到提升。自省的人会随时随地为自己充电，他们从不会为了已有的知识和成绩感到骄傲，因为他们知道容器的容量虽然有限，心胸却可以无限扩展，他们总会把自己摆在最低的位置，实际上却能与伟大无限接近。

人生如秤，对自己的评价称轻了容易自卑；称重了又容易自大；只有称准了，才能实事求是、恰如其分地感知自我，完善自我，对自己了然于心，知道自己能吃几碗饭，有几许价值，才能算有自知之明。《吕氏春秋》中说："物固莫不有长，莫不有短，人亦然。"一个人不仅要了解自己的能力有多少，也要知道自己的长处和短处在哪里，才能借由不断地自我调整而进步。

现实中人们常常称重自己，有些人过于自信，总觉得高人一等，办事忽左忽右、不知轻重，造成不必要的尴尬和悲剧。当然也有称轻自己的人，其表现为往往自轻和自贱，多萎靡少进取，总以为自己不如人，而经常处于无限的悲苦之中。

自知之明源于自我修养和自我慎独。因为自省才能自制自律，自律才能自尊自重，自重才能自信自立。自尊为气节，自知为智慧，自制为修养。人具备了自知之明的胸臆和襟怀，其人格顶天立地，其行为不卑不亢，其品德上下称道，其事业蒸蒸日上。

自知之明与自知不明一字之差，两种结果。自知不明的人往往昏昏然，飘飘然，忘乎所以，看不到问题，摆不正位置，找不准人生的支点，驾驭不好人生命运之舟。自知之明关键在"明"字，对自己明察秋毫，了如指掌，因而遇事能审时度势，善于趋利避害，很少有挫折感，其预期值就会更高。所以，王阳明说懵懂的人要是真的能在事物中省察，那么，愚蠢也会变得聪明，柔弱也会变得刚强。

君子改过，人皆仰之

一念改过，当时即得本心。人孰无过？改之为贵。

——王阳明

人在这个世界上生活、工作，就难免会犯错误，错了并没有什么，勇敢承认自己的错误反而会受到人们的敬仰和尊重。实际上，在生活中、工作中我们往往碍于面子，对自己的错误避而不谈，将错就错。其实，真正的自省是完全袒露内心，是灵魂从里到外对每个细胞的审视，是站在宇宙之上思维广阔的思考，是停下脚步仔细查看前后左右的条条道路。

在《寄诸弟书》中，王阳明说了这样一句话："一念改过，当时即得本心。人孰无过？改之为贵。"意思是说，很多错误都是一念之差造成的，"人非圣贤，孰能无过"，只要将过错改正了，就可以得到"本心"，找回真正纯洁的灵魂。肯改正错误就是最可贵的，这样说来，敢于承认错误、改正错误的人就可以称得上是令人尊敬的君子了。

战国时期，赵国有一文一武两个得力的大臣。武的叫廉颇，多次领兵战胜齐、魏等国，以英勇善战闻名于诸侯。文的叫蔺相如，有勇有谋，面对强悍的秦王能够临危不惧。蔺相如两次出使秦国，第一次使国宝和氏璧得以完璧归赵，第二次是陪同赵王去赴秦王的"渑池之会"，两次都给赵国争回了不少面子，秦王也因此不敢再小看赵国了。于是，赵王先封他为大夫，后封他为上卿，地位在大将廉颇之上。

廉颇对蔺相如很不服气。他想：蔺相如有什么能耐，无非会耍几下嘴皮子，我廉颇才是真正的功臣呢！他对手下的人说："我要是见到了蔺相如，一定要让他尝尝我的厉害，看他能把我怎样！"

这话传到了蔺相如的耳朵里，他干脆装病不去上朝，避免与廉颇发生冲突。他还吩咐手下的人，叫他们以后碰着廉颇的手下，千万要让着点儿，不要和他们争吵。一次，蔺相如出门办事，看见廉颇的马车远远地从对面过来，蔺相如就叫车夫把车子赶到小巷子里，让廉颇的马车先过去。

蔺相如的手下气坏了，都认为蔺相如胆小，害怕廉颇。蔺相如笑一笑，说："廉颇和秦王哪个厉害呢？"手下说："当然是秦王厉害了。"蔺相如接着说："我连秦王都不怕，还会怕廉颇吗？要知道，秦国现在不敢来打赵国，就是因为我们国内文官、武将一条心。我们两人好比是两只老虎，两只老虎要是打起架来，难免有一只要受伤，这就给秦国制造了进攻赵国的好机会。你们想想，国家的事要紧，还是私人的面子要紧？所以，我宁可忍让一点儿。"

这话传到了廉颇耳朵里，他感到非常惭愧。一日，他裸着上身，背着荆条，跑到蔺相如的家里去请罪。从此，两人成了要好的知心朋友，一文一武，共同保卫赵国。

廉颇不仅是一员猛将，还是一个勇士，一个勇于面对错误、承认错误和改正错误的勇士。知错能改是我们从小便接受的教育，但因为面子的问题，很多时候，即使明知自己犯了错，还是很难主动去认错。一味地回避自己所犯的错，是需要花费很大力气的，与其浪费这么多的时间与精力，不如直接为自己的错"埋单"，并将它看作一次深刻的教训。人总是在不断地磕磕碰碰中长大的，错误只是一个小水坑，许多人都是被水溅湿过，才知道以后要小心地避开。所以，前进的路上不要害怕犯错，只要在犯错之后坦诚地接受并注意改正，之后的小水坑便会越来越少，前进的道路便会越来越顺畅。

西汉时期，汉中有一个叫程文矩的人，他的妻子不幸去世，留下四个儿子，之后他又娶李穆姜为妻，生了两个男孩。程文矩死后，繁重的家务和教育孩子的责任都落在了李穆姜身上。作为后母的李穆姜对程文矩前妻生的孩子无比慈爱，甚至比对自己的亲生儿子还要好。但是，这四个孩子却一点儿都不尊敬她，还处处为难她，认为李穆姜是假仁假义。

久而久之，有邻居劝李穆姜不要再管他们了。李穆姜却说："我要用礼仪劝导他们，不让他们走邪路。"有一次，程文矩前妻的大儿子程兴重病卧床，李穆姜十分难过，她不仅到处访求名医，还亲自熬药，将程兴照顾得无微不至。在李穆姜的精心照料下，程兴的病慢慢痊愈。而李穆姜的行为也深深感动了程兴。他不仅向李穆姜道歉，还对三个弟弟说："继母仁慈，我们兄弟却置她的养育之恩于不顾，真是连禽兽都不如。虽然母亲并不怪我们，对我们越来越好，但我们的罪过是不可宽恕的。"四兄弟感到非常悔恨,便跑到掌管刑罚的官员面前请求治罪。事情传到了汉中太守那里,太守不仅表彰了李穆姜,还让四子后来改过自新。在李穆姜的严格教育下,四子后来也都各有建树。

程文矩前妻的四个孩子认识到了自己的错误,并且改过自新,才有了后来的建树。

人的一生难免会犯这样或者是那样的错误,而问题的关键则在于该如何去面对我们的过错。首先是知错,若连自己的错误都不承认,就无以说到下一步,其后果也必定是一错再错。但若能正视并承认自己的过错,并且能在此基础上对错误进行改正,那么,错误对于我们而言便是一笔财富,要知道,犯了错误改得早,就进步快。

反观自身,不断自我提升

见贤思齐焉,见不贤而内自省,则不至于责人已甚,而自治严矣。

——王阳明

自省是一面莹澈的镜子,可以照见心灵上的污垢,继而照亮前进的路途。工作中,有很多人经常怨天尤人,就是不在自己身上找原因。实际上,一个人失败的原因是多方面的,只有从多方面入手寻找失败的原因,并有针对性地进行自省,才能起到纠错的作用。

"见贤思齐焉,见不贤而内自省。"王阳明十分赞同孔子的这句箴言。看到比自己好的人就要争取进步与之齐头并进,见到不好的就要反思自己是否也有这样的错误或者坏习惯。这样才不至于严于待人,宽以待己;如果想成为一个成功的人、伟大的人,就必须严于律己、宽以待人,从反躬自省中完善自己,发现、发展自己的优势。

陈子昂是我国初唐著名诗人。他的老家是梓州射洪(今四川省射洪市),幼年时他就随父亲一起来到了京城长安。由于父母平时对他非常娇惯,所以他长到十几岁时仍然不爱读书,每天只知道跟他的朋友出城打猎、游玩,要不就是四处找人斗鸡赌钱。

随着时间的流逝,陈子昂渐渐长大了,这时他的父母才发现自己的宝贝儿子不学无术,一无所长,并开始为他的前途担忧。父母对他平日里的行为也看不下去了,多次劝他除掉身上的恶习,潜心攻读。可陈子昂早就游荡惯了,哪里听得进去。

有一天,他在游玩途中路过一处书塾,在窗外无意中听到老师在说这样一段话:"一个人是否能够享有荣誉或蒙受耻辱,完全取决于他本人的品德。品德好的人,自然会享受荣誉;品德坏的人,也自然会蒙受耻辱。一个人如果放任自流,行为举止傲慢,身上具有邪恶污秽的东西,就无法得到他人的尊敬。要想成为一名君子,就要让自己博学多才,还要经常用学来的道理对照自身进行检点。如果坚持这样做下去,你的学问和知识就会越来越多,行为上也很难有什么过失了。俗话说得好:'少壮不努力,老大徒伤悲。'在生活中,我们看到别人能做一番大事业时总是非常羡慕人家,可是你哪里知道,人家之所以能够取得成功,是下了一番苦功夫的!不经过自身的努力就想得到学问,那就如同缘木求鱼一样幼稚得可笑。"无意中听到的这番话,使陈子昂的内心受到很大的触动。他忘记了游玩,马上赶回家,在自己的屋中反思起来,回首自己以前做过的荒唐的事情,追悔莫及。

从那一天起,陈子昂毅然跟原来那些朋友断绝了来往,把在家中饲养的各种小动物也都放掉了,从此和书本成了朋友,每天书不离手,勤奋刻苦地学习,最后成为一名伟大的诗人。

每个人都需要反思自己的行为,陈子昂如果没有反思想必也很难成为留名千古的大诗人。要想取得成功,必须适时清理内心的"乌云",经常自查自省,把负面的因素扔进"垃圾桶",吸取过往的教训,总结经验,以免以后发生类似的事情。

王阳明和学生讨论"中",他认为"中"不是物,而是学者涵养省察时的景象。君子修德,学者求学,圣人得道,乃至君主治国,都要时时寻找和守定这种自省的景象。背离这种景象,就会落于私欲的俗套。

一个人只有不断地反省,才会不断地提高。一个人进步的能力、学习的能力,就体现在他反省的能力上。若能通过自省找到自己的优势,并将优势发挥到极致,他就能够在该领域中取得非凡的成就，获得人生的成功。

生活的真正悲剧并不在于我们每个人都没有足够的优势，而在于未能发挥我们的优势。王阳明为实现圣人之志亲身实践探索的过程，告诉我们人人都可以成为圣人。虽然世界上没有两片完全一样的树叶，每个人的天赋都是不同的，但是每个人都有表现突出的某个方面，只是我们没有发现而已。

我们的时间有限、精力有限，不可能把所有的事情做到最好，但是我们一定可以把其中的一件事情做到最好。也就是说，一个人，必须首先找到自身的优势。做最好的自己，你就能在不知不觉中超越众人，跨越平庸的鸿沟，从众人中脱颖而出。

第十章　谨慎心：三思而后言

"有糖衣的逆言"易被接受

> 责善，朋友之道，然须忠告而善道之。
>
> ——王阳明

说话是一门艺术，懂得如何说话，在何种场合说话，往往能够转祸为福。有句俗语："见什么人，说什么话。"这确实是一种说话的策略，但是这个话有一个标准，那就是都要讲真话。王阳明说讲真话是很难得的，特别是在一些特定的时候和场景更加显得宝贵。讲真话能够求得功名，真正能够打动人心的也还是真话。不过，在某些场合讲真话要懂得运用合适的方式方法。

有这样一个幽默故事，有个外国留学生赞美中国的男同学很帅时，那男同学谦虚地说："哪里，哪里。"这个学了一点儿中文的外国留学生感到不知所措："我只不过客套地赞美他，他还要问我具体美在哪里。"这个留学生当然不知道这是我们中国人的含蓄。

其实在某些特定的场合，含蓄一点儿也未尝不好，如果把话说得太直、太透，可能会引起对方的不满，或者对自己产生不利的影响，但意思又不能不表达。这时，如果采用"借他人之言，传我腹中之事"的方法，借用一个并不在场的第三者之口说出，便可以弱化对方的不满和对自己的不利影响。

在语言策略上，这种方法被称为近话远说。运用此法，能够人为地拉开话题与现场之间的距离，给双方留下一个缓冲带。

我国古时候，有一个县官很喜欢附庸风雅，尽管画术不佳，但画画的兴致很高。他画的虎不像虎，反而像猫。并且，他每画完一幅画，都要在厅堂内展出示众，让众人评说。大家只能说好话，不能说不好听的话，否则，就要遭受惩罚，轻则挨打，重则被流放他乡。

有一天，县官又完成了一幅"虎"画，悬挂在厅堂，召集全体衙役来欣赏。

县官得意地说："各位瞧瞧，本官画的虎如何？"

众人低头不语。县官见无人附和，就点了一个人说："你来说说看。"

那人战战兢兢地说："老爷，我有点儿怕。"

县官："怕，怕什么？别怕，有老爷我在此，怕什么？"

那人："老爷，你也怕。"

县官："什么？老爷我也怕。那是什么，快说。"

那人："怕天子。老爷，你是天子之臣，当然怕天子呀！"

县官："对，老爷怕天子，可天子什么也不怕呀！"

那人："不，天子怕天！"

县官："天子是天老爷的儿子，怕天，有道理。好！天老爷又怕什么？"

那人："怕云。云会遮天。"

县官："云又怕什么？"

那人："怕风。"

县官："风又怕什么？"

那人："怕墙。"

县官："墙怕什么？"

那人："墙怕老鼠。老鼠会打洞。"

县官："那么，老鼠又怕什么呢？"

那人："老鼠最怕它！"来人指了指墙上的画。

故事中，被点名的衙役没有直接说县太爷画的虎像猫，而是接二连三地抬出第三方，试图既让县官在众人面前保住脸面，又让自己避免一场灾难。

人常说:"良言一句三冬暖,恶语伤人六月寒。"一言可以兴邦,一言可以丧邦;一句话可以把人说笑,一句话也可以把人说恼。人与人之间性格各方面都有差别,生活中也常常遇到一些不便于直言的场合和事情,说话委婉一点儿,自然可以生出迂回进言的效果,让人思考以后才知道,揣摩之后才明白。

善言的高手,即使遇到棘手的话题或难以回答的问题,也能够巧妙地运用一些方法,如近话远说,从而避免恶语伤人。

言辞不可太露骨

纵言及微奥,会意忘其辞。

——王阳明

当代著名学者季羡林说过一句话:假话全不说,真话说一半。这句话是季羡林从大半生丰富的阅历中总结出来的经验。前半句警告那些喜欢吹嘘、撒谎的人,一个假话总要十个假话来圆,假话越说越多只能给自己带来更多的麻烦,所以还是不说为好;后半句就更微妙了,真话为什么要说一半呢?因为很多时候,说得越多错得也越多,少说话不仅能够避免传播谣言,也能够给人留下处事谨慎的好印象。

因言招祸的事情常常发生,王阳明自己就是一个很好的例子。因为不满刘瑾等宦官为非作歹,王阳明上书朝廷,为受害的同僚讲话,最终导致自己也遭受迫害。所以,王阳明说这句话的意思是警示人们在讲话上要十分谨慎小心。

有一篇文章叫作《说话的温度》，这样写道：

"急事，慢慢地说；大事，清楚地说；小事，幽默地说；没把握的事，谨慎地说；没发生的事，不要胡说；做不到的事，别乱说；伤害人的事，不能说；讨厌的事，对事不对人说；开心的事，看场合说；伤心的事，不要见人就说；别人的事，小心地说；自己的事，听听自己的心怎么说；现在的事，做了再说；未来的事，未来再说。"

话语本身是有温度的，说话也是有技巧的。只有把技巧拿捏得恰到好处，才能赋予语言适合的温度，不会把聆听者灼伤，也不会让他感觉到冷漠。

王阳明强调讲话要谨慎，但是也主张要有讲真话的勇气。在各项与说话相关的原则中，讲真话一直被视为正直人士的标签，似乎一个人不说真话就算不得正直。不过，讲真话有时候也得分对象，分地点场合。

早在两千多年前，孔子就曾告诫我们："可与言而不与之言，失人；不可与言而与之言，失言。"说话之前，先得想清楚"可与言"和"不可与言"这两种人和两种情况，对那些有诚意、可信赖的"可与言"的人，如果"不与之言"，不说真话，那就是我们的失理、失礼，可能会因此失去难得的朋友或师长；但如果对方是不可信赖的"不可与言"者，你仅凭听了几句漂亮说辞或慷慨承诺，就"与之尽言"，向他掏出了所有心里话，那你就可能失言或上当。

心与心的距离就像硬币的两面，有时候很近，近得似乎融为一体；但有时候又很遥远，远到永远不可能达到对面。没有人能完完全全地理解另一个人，也没有一个人能被人完完全全地理解。我们每个人的心中都有一片私人领域，在这里我们埋藏了许多心事。心事是自己的秘密，一般时候只可留给自己，不要轻易说出口。

很多人有一个共同的毛病：心里藏不住事，有一点点喜怒哀乐之事，就总想找个人谈谈；更有甚者，不分时间、对象、场合，见什么人都把心事往外吐。其实这也没有太大关系，每个人都有与他人分享心情与感想的欲望，这些都再正常不过。

真话可以说，但不能"随便"说。因为我们的每个倾诉对象都是不一样的，所以要学会有所鉴别有所取舍。

"假话全不说，真话不全说。"这句话中其实蕴含着传统的中庸观念。

在中国古代，诸多饱学之士莫不把这中庸之道当成确保自身"不倒翁"地位的经验之谈，这与传统观念提倡的忠孝仁义、君臣之纲，缺少反叛意识有莫大关联。虽然历史上也有知名的谏臣，比如唐朝的魏征、明朝的海瑞，但毕竟只是少数。忠言逆耳，更何况很多时候，与我们相交的人嘴中吐露的也未必就是心中所想，而且他也未必愿意听我们的实话，所以有人愿意披着"皇帝的新装"，自然也就有人愿意充当"不明真相"的围观者。

打折的真话并不全然意味着胆怯或软弱，在说话的时候有所隐瞒，说些折中的话、弹性地表述，有时候也是实现目的的变通之策。减少真话可能带来的无意义的口舌之争，用实践去检验真理，或许是一种更好的方法。

少妄言，多好话

凡今天下之论议我者，苟能取以为善，皆是砥砺切磋我也，则在我无非警惕修省进德之地矣。

——王阳明

王阳明在一封书信中曾经写道："凡今天下之论议我者，苟能取以为善，皆是砥砺切磋我也，则在我无非警惕修省进德之地矣。"世事纷繁复杂，真真假假，当遇是非时，我们也不必害怕，人间最大的力量不是枪炮或者拳头，而是忍，忍最终能将流言在真理面前击碎。做人应该以恕己之心恕人，以责人之心责己，一个真正的忍者，对待恶骂、打击、毁谤都要有承担、忍耐的力量。

一个人心地再好，如果嘴巴不好，也不能算是好人。言语谨慎是十分必要的。如果一个人总是滔滔不绝地讲话，说得多了，话里自然而然便会暴露出很多问题。明代高僧曾颂曰："大智若愚，不智之智，名曰真智。蠢然其容，灵辉内炽。用察为明，古人所忌。学道之士，晦以混世。大巧若拙，不巧之巧，名曰极巧。一事无能，万法俱了。露才扬己，古人所少。

学道之士，朴以自保。"在生活的谈判桌上，"讷者"有时才是最杰出的谈判家。

南唐广陵人徐铉以学识渊博和通达古今闻名于北宋朝廷。

有一次，江南派徐铉来纳贡，照例要由宋廷派官员去做陪伴使。宰相赵普不知选谁为好，就去向宋太祖请示。

宋太祖想了想，令殿前司写出十个不识字的殿中侍者的名字，太祖御笔一挥，随便圈了其中一个名字说："这个人就可以。"

这使在场的所有官员都大吃一惊。赵普也不敢再去请示，就催促那侍者马上动身。那位侍者得不到任何明确指示，只好莫名其妙地前去执行命令。

一见面，徐铉就滔滔不绝，口若悬河，所有人都叹服他的能言善辩。而那位侍者大字不识，当然无言以对，只好频频点头称是。徐铉不知他深浅，更加搜索枯肠，喋喋不休地想和他辩论。但是在一起住了好几天，那个侍者无一言相对。徐铉口干舌燥，疲惫不堪，只好闭嘴不说了。

实际上，当时宋廷上有陶毅和窦仪等博览群书的大儒，说起论辩之才，未必就输给徐铉。但宋太祖作为大国之君，接待小国使臣，没有派他们去争口舌之长短。因为两强相争，谁也不会服谁，反而有失大国体面。

人们常说沉默是金，不仅是使自己不惹祸端的好方法，更是一剂绝妙的处世药方。当我们面对自己不熟悉的或不擅长的事务时，不如沉默以待，反而能更好地完成任务。

如王阳明所说，面对讥谤、无礼要做到不发怒不怨恨，而这又需要多么博大的胸怀。总是对别人吹毛求疵的人，一定不是大家眼中受欢迎的人；能容天下者，方能为天下人所容。你想要彩虹，就得宽容雨点，如果雨点滴到身上的那一刻便勃然大怒，又怎么能在彩虹出现的时候以一份怡然自得的心情去观赏那美丽的风景呢？

与讥谤相反的是赞美，赞美是一种良好的修养和明智的行为，诗人布莱克说过："赞美使人轻松。"不要吝啬对他人的赞美，每一个人的身上都有其自身的闪光点，都有值得别人赞美的地方。而在赞美他人的时候，你的心情同样是愉快的，经常赞美他人的人往往也容易得到他人的赞美，正所谓赠人玫瑰，手留余香。

第十一章 利他心：己所不欲，勿施于人

善待别人就是善待自己

君子贤其贤而亲其亲，小人乐其乐而利其利。

——王阳明

王阳明带兵打仗，所到之处，都会站在当地百姓的立场来看问题、想问题。王阳明在作任何决定的时候，都会从良知出发。他认为天地万物本是一体的，人民困苦，也就相当于自己身受困苦。这个时候他不仅在当地采取措施帮助人民逃离苦海，还上书朝廷帮助其解决困难。

金钱、地位、名利都是身外之物，就算富可敌国，终有一天，它们都会离你而去。所以，拥有财富、拥有荣誉，不光是光环那么简单，更多的是一种责任。顾及的不只是个人而已，造福社会才是长久的可行之道。

正如王阳明说的，君子尊重并赏识贤德的人，而小人只顾自己享乐，只顾贪图自己的利益。贪婪的本质是不安定，它像是长在人内心深处的一棵毒草，不断地腐蚀着本来清净的心灵。它时而蛰伏，时而膨胀，人若不能摆脱就只能受制，所谓人心不足蛇吞象，过于贪婪而没有节制只能招致生活的惩罚。无论是贫还是富，只要你能够帮助到别人，就不应该吝啬自己的善心。

两个同村的砍柴人相约去村西的山上砍柴，这两个砍柴人一个年长，一个少壮，都是砍柴的好手。相比之下，由于岁数和经验的差别，年长的砍柴人还是比少壮的显出更大的能力。

两人来到山上，拿出砍刀砍柴，村西的这座山，山势不高而且树木繁茂，一开始两个人的进度都相差不多，过了两个多小时，天气渐渐炎热起来，少壮的砍柴人躺在地上休息了一会儿，而年长的那位依然砍柴不止，并且已经从山的这边移到了山的那边。眼看就要比预计的时间提前一个多小时砍完柴。

这个时候，少壮的从梦中醒来，看看天色暗了下来，而自己还没有砍到两捆柴，于是急忙起来，也不用砍柴刀，而是用手一根根地折断树枝和杂草。但是当天的天色不知怎的暗得比以往早，直到太阳落山，少壮的砍柴人也没有砍到当天所需用的柴火。

这时年长的砍柴人喊他下山了,当这个年长的砍柴人看到他孤零零的一捆柴时,明白少壮的这人没有好好砍柴,他一声不响地拿过自己的一捆柴火,对少壮的说:"这下够你用一天的了。后天我们再来砍。"

少壮的说:"这些柴火都是用来卖钱的,你给了我,不是少了很多收入吗?"

年长的说:"钱今天少赚,明天可以多赚,但是烧火做饭却是一刻不能受影响的。这些柴火够我用的了,而你也不会受饿,这不是两全其美的事情吗?"

年长的砍柴人其实说出了我们很多人明白但又很难做到的真理——你是一个人享用此间的美好,还是将这种美好散播到每个人的身上,独乐乐不如众乐乐。其实,再平凡再普通的人只要有一颗爱心,一样能做出让人感动的善行。而那些只顾自己享乐的人大多是因为心中欲望太多,不能一一得到满足,于是产生烦恼,就会觉得苦。人为了摆脱这种感觉就会竭尽全力地再次索取,像是困在海上的水手,船仍在海上,彼岸遥遥而淡水枯竭,无边浩瀚的海洋就像是诱惑无数的花花世界,第一口海水本是为了解渴,哪知命运却就此断送在了这一口海水中。

欲望是无穷的,贪婪像一把利刃,不能丢下贪念就不能踏上苦海之岸,心中揣着太多的贪念,行走尚且蹒跚,又怎么回头?不回头,哪里是苦海的岸呢?要想上岸,必须除去贪念,用一颗爱心，将奉献当作一种快乐。

王阳明晚年回答学生的书信中写道：择其善而从之。就是强调要做善行。善待别人、给予他人就是奉献，所奉献的不仅仅是物质财富，还包括精神和理念。这是抵制贪念的第一利器，是一个人充满爱心的具体表现，更是一个人有智慧和有责任心的表现。通过帮助别人可以体验到快乐，所以说，善待别人，也就是善待自己。

自利则生，利他则久

夫道有本而学有要，是非之辩精矣，义利之间微矣。

——王阳明

王阳明很注重个体的社会责任，个体作为社会的一分子，同万事万物是共存的关系，这个观念便具体化为以仁道的原则对待一切社会成员并真诚地关心、友爱他人。他那看似不容于世，其实又处于俗世的一生始终都坚持着通过仁爱来显现内心的良知。即便饱受冤屈，坎坷一生也是如此。

利他方能自利，害人实际是在害己。敬人者，人敬之；爱人者，人爱之；损人者，人损之；欺人者，人欺之。所以，我们应该做到自利利他，不可损人利己。我们每个人都有两只手和两只脚，这本来就是为劳动而准备的，倘若我们不将它们用来劳动，不但让双手双脚发挥不了作用，而且对身体也没有任何好处。换句话说,倘若常常劳动,身体必定很健康。这样不仅对双手双脚有利,也对身体有利,可谓一举两得。在王阳明看来,义与利之间的差别很小,也就是说,如果能做一些"义"事,对他人有益,自己也一定能获得利益。

利己是人与生俱来的本性,它归根结底源自生存的需要。但人是生活在群体之中的,单方的利己行不通,互相帮助更有利,帮助别人是帮助自己,于是产生了群体中利他的行为准则。

京城有一家规模很大的药店,它的药质量好,连皇上都信得过,并允许它给皇宫供药。

有一年,由于前一年是暖冬,没怎么下雪,一开春的时候,气候反常,所以在三月里的会试能不能顺利进行,就成了朝廷最为担心的事情。因为当时朝廷考核考生,都是在科场号舍进行考试,那里多是为应付考试而搭建的,里面空间狭窄,伸不开腿,也直不起腰。考生从开考到结束,三天不能出号舍,这样身体差一点儿的考生就会支撑不住,再加上天气的原因,很多考生的精神都变得萎靡。

根据这一年的实际情况,那家药店赶制了一批治时气的药散,并托付内阁大臣奏明皇上,说要送给每一个考生,以备他们不时之需。皇帝正在为考生的事情发愁,见这家药店主动为朝廷解忧,自然大加赞许。于是,这家药店派专人守在考场门口,给每个考生派发药物,并且附带一张宣传单,上面印上了他们药店最有名的药物。结果,一半是因为药店的支持,另一半是由于当年考生的运气好,很少有人中场离席,考试得以顺利进行。由此一来,不管是中举的还是没中的,人们纷纷来这家药店买药。由于考生们来自全国各地,自此以后,全国的人都知道了这家药店,并且都来支持它的生意。

只用了很少的钱,却换来了大生意。这家药店能够赢得这么大的成功,就是因为它懂得"利他方能自利"的道理。

一个人活在世上,虽然不容易做到利人不利己,最少要能从利己想到利人,此所谓"自利利他"。利己与利他并不总是处于对立的位置,很多时候,二者完全可以统一起来,人都有利己的一面,这是由于每一个生命个体都有自己生存的各种各样的需求,人的一切行为都是为了满足自身的需要,因此人的行为动机为利己。在利己的意识驱动下,人做出了种种行为,而这种种行为的客观结果产生了利他。

如果我们每个人都能做到利他,那么我们每个人也都会得到自利,这便是所谓的"我为人人,人人为我"。因为我们在别人眼中也是"他",对别人来说是利他,对自己来说就是利己。如果人人都不管"他人",而只顾自己,那么我们自己就成为人人都不管的"他人",而只有自己关心自己。然而,在这个群体共生互助依存的社会上,只靠自己关心自己是远远不够的,一个人的能力是有限的,需要借助他人的力量。因此,对于我们每个人而言,利他方能利己,所以用一颗利他之心去对待他人才是生存之道。

爱出者爱返，福往者福来

意在于仁民爱物，即仁民爱物便是一物。

——王阳明

正德年间，宁王朱宸濠叛乱，时任赣南巡抚的王阳明手里既没有平叛的兵权，也没有平叛的御旨，打倒朱宸濠的叛军对他来说不是责任也不是义务，但是他毅然挑起了平叛的重任，不为别的，就是为了报国救民，为的就是使千千万万的无辜百姓免受硝烟战火的蹂躏和摧残。也正是因为王阳明对于百姓的爱和付出，当他高举义旗之后，在短短十几天内就获得了众多百姓的支持。平叛后，智勇双全的王阳明也自然受到了黎民百姓的爱戴。

"爱出者爱返，福往者福来。"为他人奉献善心，为社会创造福祉，他人和社会必定以善回报我们。

人们之所以不快乐，是因为不明白仁爱的道理。往往忽视了自己也是需要付出的，而一味地寻求结果，结果怨天尤人，抱怨自己没有得到幸福和快乐。福往与福来间，我们都要为自己的举动负责，如果心中有爱，胸中有福，不是一人独享，而是与人分享，那人生又有什么苦恼可言呢？

孟子在与邹穆公对话时，引用了曾子的话："出乎尔者，反乎尔者也。"古今中外，一切事情都逃不开这个规律。因果，最简单的解释，就是"种什么因，得什么果"，这是自然界的普遍法则，世界上没有任何一种结果不是从它的原因生成，正所谓"种瓜得瓜，种豆得豆"，福往者才能福来。关于因果之缘的古今逸事，实在不胜枚举。

春秋时期，秦穆公在岐山有一个王室牧场，饲养着各种名马。有一天，几匹马跑掉了，管理牧场的牧官大为惊恐，因为一旦被秦穆公知道，定遭斩首。牧官四处寻找，结果在山下附近的村庄找到了部分疑似马骨的骨头，心想马一定是被这些农民吃掉了。牧官大为愤怒，把这个村庄的三百个农民全部判以死刑，并交给穆公。

牧官怕秦穆公震怒，于是抢先向穆公报告说，这些农民把王室牧场里的名马吃掉了，因此才判他们死刑。穆公听了不但不怒，还说这几匹名马肉质精良，就赏赐给他们下酒了。这三百个农人被秦穆公免除了死刑，高兴地回家了。

几年后，秦穆公与晋惠公交战，陷入绝境，士兵被晋军包围，眼看快被消灭，穆公自己也性命堪忧。这时晋军的一角开始崩裂，一群骑马的士兵冲进来，靠近秦穆公的军队协助战斗，这些人非常勇猛，逼得晋军节节败退，最后只得全部撤走，穆公脱离险境。到达安全地点后，穆公向这些勇敢善战的士兵表达自己的谢意，并问他们是哪里的队伍。他们回答说：我们是以前吃了大王的名马，而被赦免死罪的农民。

秦穆公的善举最终获得了好的回报。一念之善救人救己，人生就是如此。一个人在其漫长的一生中所走的每一步，已为明天埋下了伏笔。我们所做的每一件事，都如同我们撒下的一粒种子，在时光的滋润下，那些种子慢慢生根、发芽、抽枝、开花，最终结出属于自己的果实。我们自己所种下的因，遇到适合的条件就会产生一个结果。

世间的爱一样可以循环。爱给予了别人，但最终也会循环到自己身上。如果我们每个人在爱护自己的同时，去关爱别人，那么最终自己也能得到更好的爱护。

爱出者爱返，福往者福来。世间的爱与福，等着我们去播撒与收获。

与人为善，暖人暖己

然爱之本体固可谓之仁，但亦有爱得是与不是者，须爱得是，方是爱之本体，方可谓之仁。

——王阳明

早年间王阳明立志于格物穷理，在他看来，明白善与恶的差别就是良知，而怀有善心做一些善事，反对和去除一切"恶人""恶事"便是格物，便能穷理了。其实，无论我们做什么工作，如果能秉持多付出一点儿爱心的原则，成功是必然的。

"人之初，性本善"是人所共知的《三字经》的开篇语，但是长大后的我们心中是否还留有这一份善呢？也许我们有，也许我们的心里早就被不良诱惑挤满了，不再有善的踪迹。然而，善良依然是这个世界上最感人的力量，它使我们充满力量与勇气，使我们赢得尊重和支持，帮助我们一步步走向成功。

东汉的开国皇帝刘秀精于谋略，智勇兼备。刘秀在征伐天下的过程中，十分注重御心之术，很多棘手的问题都能轻松化解，最终战胜所有对手，拥有天下。

建武三年（27年），刘秀亲率大军前往宜阳，截断了赤眉军的退路。赤眉军无奈只好投降。

刘秀的手下深恐赤眉军再起叛乱，私下对刘秀说："陛下仁爱待人，只需安抚住赤眉军将士即可。刘盆子身为其头领，难保不生二心，此人不可不除啊。"

刘秀对手下人说："行仁之义，全在心诚无欺，如此方有效力。朕待他不薄，他若再反，那是他自取灭亡；朕若背信枉杀，乃朕之失，自不同也。"

刘秀对刘盆子赏赐丰厚，还让他做了赵王的郎中。

在刘秀的治理下，天下混乱的局面也平息下来，日渐安定。

刘秀懂得人心永远不是武力可以征服得了的，让人心服才是真正的征服。而善良仁爱的手段具有强大的力量，它在帮助别人的同时帮助了自己。人的一生应该是施与爱的一生，只有这样，才能活出真正的自我，获得一个充实而美丽的人生。

善待社会、善待他人，并不是一件困难的事情，只要心中常怀善念，生活中的小小善行，不过是举手之劳，却能给予别人很大帮助，何乐而不为呢？

心中有情有爱，世界才会风光无限。仁爱之心如一盏明亮的灯，可以照亮我们的人生。所谓仁爱，就是先想到别人，能宽容别人，就是要与人为善。

楚惠王吃酸菜时，突然发现菜中有一条蚂蟥，他没有声张，不动声色地吞了下去，结果肚子痛得不能吃饭。令尹前来问候，关心地问道："大王怎么得了这种病？"

楚惠王说："我吃酸菜时见到一条蚂蟥，心想，如果把这事张扬出去，只是斥责庖厨等人，而不治他们的罪，就违反了法度，那样，今后我自己的威信就无法树立；如果追究他们的责任，就应该诛杀他们，这样，太宰、监食的人，按法律都将被处死，我于心不忍啊。所以，我只好把蚂蟥悄无声息地吞咽下去。"令尹深深地施了一礼，祝贺道："我听说上天是铁面无私、六亲不认的，只辅佐有德行的人。大王您大仁大德，正是上天保佑的人啊，这点儿小病是不会伤害您的。"当晚，楚惠王胃里的蚂蟥真的出来了，他也不用再忍受疼痛之苦。

古语云："人生一善念，善虽未为，而吉神已随之。"意思是说，一个人只要心存爱心，即使还没有付诸行动，吉祥之神已在陪伴着他了。楚惠王为使他人免除灾难，而不惜自己忍受痛苦，这样怎么会得不到上天的眷佑呢？爱人者，人恒爱之；敬人者，人恒敬之。

说到底，慈悲是一种关怀，是无条件地爱一切生命。播种爱心，不仅能够得到内心的安静祥和，达到美好的境界，而且能够让别人获益，记取你的那份善良与美好。上善若水，涓涓细流，润物无声。播撒爱心，幸福便触手可及。

爱人者人爱之

圣人一生实事，俱播在乐中。所以有德者闻之，便知他尽善尽美与尽美未尽善处。

——王阳明

王阳明一生立志做圣贤，虽然父亲反对，觉得他"做圣贤"的志向根本就是无稽之谈，因为历史上能够成为圣贤的只有寥寥数人，父亲觉得王阳明只是痴人说梦罢了。可是，王阳明从未停下过脚步，始终向着自己的目标迈进。他说，圣人一生要做的事情就是在人世间播种欢乐（圣人一生实事，俱播在乐中）。他认为，生命因有了爱，而更加富有。善良是我们的灵魂所固有的一种感情，行善是一种美德。善行既可以帮助身处困境中的人，又可以使自己的心灵得到安慰，使自己的修养得到提升。

当我们将手中的鲜花送与别人时，自己已经闻到了鲜花的芳香；而当我们要把泥巴甩向其他人的时候，自己的手已经被污泥染脏。与其在自我的疏远冷漠中承受孤单，不如走出自我封闭的心门，在融洽的互相交往中感受快乐——彼此的快乐。

有一句话叫"生命不是用来自私的"，这是对人生的一种呼喊与渴求,自私的人,时刻想着自己,他们总是认为整个世界就是为了他们而存在,地球也是为了他们而旋转的。

从前有一个人,经过长途跋涉后非常疲乏和干渴。他看见一条竹筒连成的水道淌出清清的细流,就赶紧跑过去捧水便喝。喝饱后,他满足地对竹筒说:"我已经喝够了,水就不要再流了。"他说完后,发现水依然细细地流着,心中发起了火,"我说我喝完了,叫你不要再流,为什么还流?"有人见到他这个样子,暗自发笑,上前开导他说:"你真没有智慧。你自己为什么不离去,反叫水不要流呢?"

希望水只为自己而流,这是自私心理在作祟。无论是谁,都会有私心,这是人类天性中的缺陷,但这种缺陷并非无药可救。即使我们无法做到"舍弃小我,成全大我",但基本的仁爱也是应该有的,它可以帮助人们摒弃私心,它可以让人们明白:自己对别人的态度,就是别人对自己的态度。很多时候,我们无须专门地去为别人做些什么,只要在想到自己的同时能想到别人,那么私心就已经开始远离,而一种共赢的局面就开始进入人们的生活。

王阳明说,人能够将天地万物看为一体,并不是他们特意这样去想,而是他们本有的善性和仁心。他们爱他人、爱生灵万物,把他人和万物视为自己身体的一部分,都是这种仁心善性的表现。所以,生活在这个世界上,每个人都可能是给予者,同时是接受者。每个人都有需要帮助的时候,那么不如在别人需要帮助的时候宽心地、毫不吝啬地给予,那么在接受别人帮助的时候也不会因为曾经的吝啬和高傲而愧疚、难堪。

诸恶莫作，众善奉行

性之本体，原是无善无恶的，发用上也原是可以为善，可以为不善的，其流弊也原是一定善一定恶的。

——王阳明

王阳明认为人性本来是无善无恶的，所谓善恶都是人心造成的。而他自己也无时无刻不怀一颗善心，做了许多善事。他从小就试马居庸关立志扫平鞑靼，报效朝廷、解救天下饱受战争之苦的老百姓。后来他满腔热血却被人暗算，被贬至偏远地区，他深感壮志难酬、报国无门却没有放弃心中的理想。在蛮荒之地他开设学堂办学，教苗族人学文化、明道理。

王阳明提倡的良知、仁爱不是纯粹的形式，而是天下万物没有内外远近之分，都要施予仁爱之心。想要做圣贤的王阳明进一步提出，常人之心和圣人之心是相同的，常人是因为蒙受私欲，才不及圣人之心明净。仁不仅是修养要达到的境界，也是人心之本体。

唐代诗人白居易喜欢佛法，有一次，他听说鸟巢禅师的修行相当高，于是专程到鸟巢禅师的住处去请教。白居易问鸟巢禅师："佛法的大意是什么？"鸟巢禅师答："诸恶莫做，众善奉行。"白居易鼻孔里哼了一声，说："三岁的小孩也知道这样说。"

鸟巢禅师说："虽然三岁的小孩也说得出，但未必八十岁的老翁能够做到。"白居易心中服膺，便施礼退下了。

三岁小孩都知道的道理，但是又有几个人能够真正奉行呢？莫作诸恶，并尽量做到至善。这要求能够做到大爱无疆，把他人的痛苦看得和自己的一样重要，想他人之所想，尽心行善，至善了无痕。

定义一个人的一生是否成功，不是用地位和财富来界定，而应该是看他是否能坚持行善，一生无悔。

大爱无私，至善无痕。我们都应该怀着一颗慈悲的心，以一己之力帮助他人，做到至善至美，这也是人生之一大境界。

为人处世，时时刻刻要有至善的心，以一颗爱心惠及他人，不仅可以温暖他人，也能实现自己的价值。

古时候有一个叫齐恒的人，自命清高，不喜欢与达官显贵来往，常常隐居乡间，吟诗作画，认为自己这样做是十分明智的。这天，齐恒从隐居的房舍里出来，走向一条小道，远远看到几个庄稼汉正在辛劳地种秧苗，觉得好玩，便上前观看。

齐恒问其中一个老农："除了种田，你还会干别的吗？"

老农摇摇头，说："我是个庄稼人，没有别的本事，只会干农活儿，特别是种葫芦很有方法。我种出的葫芦在集市上能卖出很高的价钱，官老爷也专门从我这里买葫芦。去年开始，我把种葫芦的方法教给了村里的乡亲，一年下来，大家都过上了好日子。"

齐恒听后，对这个老农说："这么好的事情，你一个人享用不就好了吗？何必还要让大家都学会种葫芦。你自己有了安定的生活，就不用大热天还在田里干活，就能像我这样逍遥自在。"

　　老农听后，沉思了一会儿，说："我有一个大葫芦。它不仅坚硬得像石头一般，而且皮非常厚，以至于葫芦里面没有空隙。我想把这只大葫芦送给您。"

　　齐恒说："葫芦嫩的时候可以吃，老了不吃的时候，它还能盛放东西。可是你说你的这个葫芦不仅皮厚，没有空隙，而且坚硬得不能剖开，像这样的葫芦既不能装物，也不能盛酒，我要它有什么用处呢？"

　　老农笑道："先生说得对极了，不过先生是否考虑过这样一个问题，您隐居在此，空有满脑子的学问和浑身的本领，却对他人没有一点儿益处，您同我刚才说的那个葫芦不是一样吗？"

　　一个人即便有惊天的才能，然而不能惠及别人，也不过是瓷的花瓶，摆设而已，于己、于人乃至于国都不会有意义。在老农看来，这就是齐恒最为失败的地方。一个人只顾及自我，而忘记他人，就好像这个人走到了荒芜之地，脚下虽有零星孤叶，放眼望去，却是满目凄凉。

　　大爱无私，做善事并不是为了引起别人的关注，而是让我们敞开心扉爱他人，真诚地爱他人，去宽慰失意的人，安抚受伤的人，激励沮丧泄气的人。

至善无痕,领悟王阳明的智慧:心原本就是无善无恶,所以其出发点可以为善、可以为不善,一切都是心为主宰,那就让心像玫瑰花一样散发芬芳吧。

第十二章 谦卑心：谦受益，满招损

不争才是最大的争

事贵含忍，毋轻斗争。

——王阳明

争与不争是两种处世的态度：争者摩拳擦掌；不争者平淡处之。关于不争，"水德"是对其最好的赞誉。在自然界的万事万物中，水滋润了万物，而又并不从万物那里索取任何东西。这种无私的表现为其赢得"以其不争，故天下莫能与之争"之名。

王阳明在中国哲学思想上取得惊人成就,也与其"为而不争,天下莫能与之争"有关。年少时的王阳明满怀雄心壮志,一心追求真理,想成为圣人。然而由于他性格耿直,不愿屈从恶势力,结果招致祸殃。之后,王阳明的人生发生了一个重大的转折。他远离政治,潜心研究儒教、佛教、道家思想,他的"不争"并不是放弃眼前的一切,而是以不争今日之利争万世,不争当前之利争天下。因其"不争",故而能静心悟道,并体悟许多以前百思不得其解的道理,进而攀登上中国哲学思想的高峰。

只有无争,才能无忧。利人就会得人,利物就会得物,利天下就能得天下。善利万民的人,如同水滋润万物而与万物无争,不求所得。所以不争的争,才是争的最高境界。做人成事也是同样的道理。

楚汉相争时,张良、萧何和韩信共同辅佐刘邦夺取天下。由于楚军强大,刘邦被项羽打败。公元前205年,刘邦率领残兵败将到了荥阳,才停下脚步做暂时的休整。此时汉军丞相萧何已经知道刘邦兵败退守荥阳的消息,就在关中地区大量征兵,送到荥阳。在东边打下齐国的韩信也得知了消息,可他不但不来增援,反而派人向刘邦提出要求,希望同意他自立为"假齐王"。面对韩信的无礼要求,刘邦当即大怒,想马上派兵去攻打韩信。关键时刻,谋士张良提醒刘邦,在这危急关头,不如同意韩信,先稳住他,以防"小不忍而生大变"。刘邦立刻改口道:"韩信大丈夫南征北战,出生入死,要做就做个真王,哪有做假王之理,封他为齐王!"然后派张良带上印信,前往齐国,封韩信为齐王。韩信立刻带兵赶到,汉军兵力大增,又恢复了战斗的士气。

刘邦领悟了"不争"的智慧,有效地稳定了军心,控制了复杂的局势。后来,韩信又帮助刘邦大争天下,最后刘邦变成"天下莫能与之争"的人,终成千古一帝。所以,不争不是无所作为、甘于堕落,不是要让人彻底断绝私心欲望,而是劝告世人要顺应大道,不要贪图眼前的小私,要着眼于大局。

因而我们在为人处世时,也应不辞劳苦,不计较名利,不居功,秉承天地生生不已,长养万物万类的精神,只问耕耘,不问收获,如能这样,则自然达到"为而不争,天下莫能与之争"的高境界。

在其位,善谋其政

君子素其位而行。

——王阳明

中国自古就有"不在其位,不谋其政"的说法,它有四个方面的含义,即"在其位,谋其政""在其位,不谋其政""不在其位,谋其政""不在其位,不谋其政"。其中"在其位,谋其政",实际上是与"不在其位,不谋其政"相对应的,两个说法表面相反但内涵一致。

王阳明的一生，在竭尽全力地实践着"在其位，谋其政"的思想，他勤勤恳恳地为百姓办事，又鞠躬尽瘁地为朝廷排忧解难。在他以左佥都御史身份巡察江西南安、赣州，福建汀州、漳州等地时，途中遭到起义农民的拦阻。当商船集结阵势，扬旗鸣鼓，准备迎战时，那些走投无路的起义农民立即跪拜在岸边，说他们是灾民，希望得到救济。王阳明宣布停战，并且一到赣州，就派人救济灾民。

另外，在其为官时，他行"亲民"之道，让"明德"在民间"明"起来。因而，在他管治之下的地区百业兴旺，安居乐业。当其不为官时，他又能广为布道，广收弟子，运用心学的思想教化民众。

在其位，善谋其政。对于领导而言，就是指挥其他人为一个目标而努力、而行动。一个领导手中有多大权力，就应该发挥多大的能力，否则就会出现孟子所说的"不能者"与"不为者"之间的矛盾。

一次，齐宣王问孟子："不为者与不能者之形，何以异？"即两者之间有什么差异，孟子答曰："挟泰山以超北海，语人曰'我不能，是诚不能也'，为长者折枝，语人曰'我不能'，是不为也，非不能也。"意思是说，要人做背着泰山以超越北海的事情，如果他回答不能做到，那是真的不能，但是让他为长辈按摩肢体，他如果说不能，那就是有这个能力而不去做了。孟子是暗示齐宣王，你有施行仁政的权力和能力，不是做得到做不到的问题，只是你肯不肯做而已。正是在其位，就必须善用其权,该做的、必须做的,不仅要做,还要做好。否则,于人于己,于家于国,有害而无利也。

清代纪晓岚的《阅微草堂笔记》里记载了这样一个故事:一位官员死了之后去见阎王,自称清廉,所到之处只饮一杯水,不收一分钱,自认无愧于心。不料,阎王却大声训斥道:"不要钱即为好官,植木偶于堂,并水不饮,不更胜公乎?"官员辩曰:"某虽无功,亦无罪。"阎王又言:"公一生处处求自全,某狱某狱,避嫌疑而不言,非负民乎?某事某事,畏烦重而不举,非负国乎?三载考绩之谓何?无功即有罪矣。"

古代庸官的形象在这则故事中被刻画得入木三分。这种形象放在今天,就是一杯茶一支烟,一张报纸看半天,不求有功、只求无过,办事拖拉、工作推诿,纪律涣散、政令不畅,虽然两袖清风,却无所作为。它的害处在于其"在其位而不谋其政",不能想群众之所想、急群众之所急,误国误民。想要成就一番事业的领导就必须剔除这种思想。

古人说:"坐而论道,谓之王公;作而行之,谓之士大夫。"为官者需要各司其职,各尽其能,将自己的本职工作做到最好。

低头是一种智慧

与朋友论学,须委曲谦下,宽以居之。

——王阳明

在古越这片土地上,越王勾践卧薪尝胆最终报仇复国的精神最见越人气性。王阳明在为人作序时,落款常是"古越阳明子""阳明山人""余姚王阳明"等,他以生为越人为荣。王阳明自幼受古越民风滋养,也深悟"卧薪尝胆"的精髓。少年时的王阳明曾去居庸三关,了解古代征战的细节,思考御边方策,回来之后甚至还屡屡想上疏朝廷建言献策,这种想法受到了父亲的斥责。面对父亲的呵斥,王阳明并没有昂首怒目,反而经常出游,"考察"居庸三关,拜访乡村老人,询问北方少数民族的生活习俗,以探访各部落的攻守防御之策,为其"平安策"寻找可支撑的依据。最终写下著名的关于边防军队改革的奏疏,初显他卓越的军事才能。

有时候,俯首比昂首怒目更有威严,为了实现自己的梦想,暂时的低头并不是一种懦弱,韬光养晦实则是一种积极进取的精神。诚如梁漱溟所言:儒家虽然提倡温良恭俭让,但实质宣扬的是一种积极进取的精神。换句话说,暂时的俯身就是"以退为进,以柔克刚",是一种方圆处世的态度。

民间有句谚语,说"低着头的是稻穗,昂着头的是稗子;

低头的稻穗充满了成熟的智慧,而昂头的稗子只是招摇着空白的无知"。哲学家苏格拉底曾说:"天地只有三尺,高于三尺的人要想长久立于天地之间,就要懂得低头。"懂得低头便是一种智慧。

秦始皇兵马俑博物馆的"镇馆之宝"是一尊跪射俑。许许多多出土的兵马俑都可以算作人间精品,但唯独是它享有了"镇馆之宝"的无上荣誉。

事实上,在出土、清理和修复的一千多尊各式兵马俑中,只有这尊跪射俑保存得最为完整,未经人工修复。如果仔细观察,就会发现这尊跪射俑身上的衣纹、发丝都清晰可见。

专家介绍说,这尊跪射俑之所以能够保存得如此完整,完全得益于它自身的"低姿态"。原来兵马俑坑是地下通道式土木结构建筑,一旦棚顶塌陷、土木俱下时,高大的立姿俑自然是首当其冲遭受灭顶之灾,这样一来,低姿的跪射俑受到的损害就大大减小。此外,跪射俑呈蹲跪姿,右膝、右足、左足三个支点呈等腰三角形,完全支撑着上体,整个身体重心在下,增加了它的稳固性,这与两足站立的立姿俑相比,就避免了倾倒、破损。所以,秦始皇陵兵马俑中的跪射俑在经历了两千多年的岁月后,依然完整地呈现在我们面前,真可谓是"宝中至宝"。

纵观中国历史,那些有成就的人,往往都具备了低头、忍让、不自高自大的品质。譬如,西汉的韩信,因忍受"胯下之辱",专心研究兵法,练习武艺,终于得到了刘邦的重用。三国时期的刘备再三低头：从三顾茅庐到孙刘联合，每一次低头，都会迎来"柳暗花明又一村"，终于成就了"三足鼎立"的辉煌。

在人生的漫长跋涉中，我们必须学会低头。好比当你陷入泥潭时，你最先做的是迅速爬起来，并且远远地离开泥潭，而不是对着自己的鞋子说，我们可是"出淤泥而不染"的。

低头是一种策略，是为了更好地前进。它需要很大的勇气，所以我们应当用平和的心态，像跪射俑那样，时刻保持着生命的低姿态，这样就一定会避开无谓的纷争，避免意外的伤害；就能更好地保存实力，发展自己，成就自己。

老子说过，当坚硬的牙齿脱落时，你的柔软舌头却完好无损。柔软有时候是完全可以胜过强硬的。以柔克刚，以退为进，恰恰是人生的大智慧、大境界。

位高不自居，功高不自傲

人生大病，只是一傲字。

——王阳明

自正德十一年（1516年）王阳明奉命平乱，至嘉靖七年十一月二十九日（1529年1月9日）病故于征战途中，辗转十几年，经历大小战役六次，数量虽不多，但是他从来没打过败仗。"位高不自居，功高不自傲"是王阳明赢得战争的重要原因。

赢得战争的人，一般都会享受加官晋爵、增加俸禄等待遇。但是王阳明把功名利禄看得很淡，他一生七次擢升官职，五次属于征战有功，但都辞官，因皇帝不批准，他才勉强继续为官。

王阳明认为人生的大病，只是一个"傲"字。作为子女，如果骄傲的话，就必定不孝顺父母；作为臣子，如果骄傲的话，就必定不忠于君主。一个人骄傲就是时时心中只有自己，而如果做到无我的境界，人就能够变得谦虚和容易进步。王阳明把骄傲列为一个人所有恶劣品质中最恶劣的一种。

不居功、不自傲的王阳明经常到百姓之中，体察民生。作为朝廷命官，他只想为老百姓做事，实现他经国济世的抱负。

事实上，官大不招摇，功高不自傲，高调做事，低调做人，需要有较高的修为。这是一门精深的学问，也是一门高深的艺术。真正的智者，总是在声名显赫时藏锋敛迹，持盈若亏，从而在不显山不露水中成就一番大事业。明朝的开国功臣徐达就深谙这个道理。

徐达出生于濠州一个农家，儿时曾与后来做了大明皇帝的朱元璋一起放牛。他有勇有谋，为明朝的创建立下赫赫战功，深得朱元璋宠信。

徐达虽战功累累，却从不居功自傲。他每年春天挂帅出征，暮冬之际还朝。回来后立即将帅印交还，回到家里仍过着极为俭朴的生活。

朱元璋曾对他说："徐达兄建立了盖世奇功，从未好好休息过，我就把过去的旧宅邸赐给你，让你好好享几年清福吧。"

朱元璋口中的这些旧邸，是其登基前当吴王时居住的府邸，徐达不肯接受。

朱元璋请徐达到旧府邸饮酒，将其灌醉。徐达半夜酒醒问周围的人自己住的是什么地方，内侍说："这是旧邸。"

徐达大吃一惊，连忙跳下床，伏在地上自呼死罪。朱元璋见其如此谦恭，心里十分高兴，即命人在此旧邸前修建一所宅第，门前立一牌坊，并亲书"大功"二字。

朱元璋曾赐予徐达一块沙洲，由于正处于农民水路必经之地，徐达的家臣以此擅谋其利。徐达知道后，立即将此地上缴官府。

1385年，徐达病逝于南京。朱元璋为之辍朝，悲恸不已，追封徐达为中山王，并将其肖像陈列于功臣庙第一位，称之为"开国功臣第一"。朱元璋登基后，从1380年至1390年，清洗因丞相胡惟庸案受牵连而被杀的功臣、官僚共达3万人；1393年，有赫赫战功的将领蓝玉及其有关的人士均被杀，先后牵连被杀的竟有1.5万多人；洪武十五年（1382年）的空印案，洪武十八年（1385年）的郭桓案，被杀者更多达8万之众。

朱元璋为强化其统治用严刑重刑，杀了包括功臣在内的10多万人，从小与朱元璋在一起的徐达，当然十分清楚"伴君如伴虎"的道理。因此，他虽功高过人，却仍恭谨谦和，最终平安一生。

任何人都不喜欢骄傲自大的人,即使这个人做出了巨大的贡献,创造出不俗的功业。任何时候,谦虚都是被人们喜欢的品质,因为谦虚就意味着对别人的尊重,没有人不喜欢被尊重。

王阳明贬斥傲,傲是一种自以为是,而谦虚才是一种竞争的优势,大凡有真才实学者无一不是虚怀若谷、谦虚谨慎的。

与贪婪断交,与清风做伴

贪心生,责此志,即不贪。

——王阳明

人是身心的统一体,对于每一个人而言,维持内心的平衡与稳定是相当重要的。行走在尘世间,难免会有担忧、失落以及悲伤,这时的心灵就会处于一种失衡状态。如果心灵的平衡被打破,人就很容易到达崩溃的边缘。那么该如何对待心灵的失衡呢?

在佛家看来,人生本来是苦的,苦的根源在于有各种欲望。很多时候,心灵的失衡都是欲望过强导致的,当人的欲望太多时,我们的情绪便很容易被这种贪欲左右。在不知足的状态下,金钱多了还想再多,官位高了还想更高,房子大了还想更大……贪欲就像一把干草,一旦点起,就容易成燎原之势,于是，对自我生存状态的否定以及盲目攀比的虚荣便阻断了我们快乐的根源。佛家认为，要摆脱欲望之苦，唯一的方法就是修炼。只要从内心到行为，都按照一定的准则和要求进行修炼，禁止凡俗种种欲求，进入空门，就有望修成正果。

王阳明对佛家的这种看法并不认同。在他看来，普通人终生只是做一件事情，从少年到老年，从早上到晚上，不管有没有事，只做得一件事，就是必有事焉，即不管遇到什么事情，不要急于求成，用内心的良知去应付。面对贪欲也是一样，不要被毁誉得失给牵制住。如果能实实在在地致良知，那么平日所见的善者未必是善，所说的不善者恐怕正是被毁誉得失控，自己把自己的良知给埋没了。所以，人要致良知，就必须学会看淡，"与贪婪断交，与清风做伴"，保持一个淡泊的心境，豁达地看待生命的潮起潮落。

历史上受后人景仰的杰出政治家大多具备这一品质，明朝宰相于谦就是其中一位。

于谦打退瓦剌，保住了大明江山，位极人臣。但他并不以名利为本。他认为"钱多自古坏名节"，把钱财看得轻如鸿毛，从不聚敛，廉洁自守。他的俸禄用在自己身上的很少，常常用以救济贫穷亲朋。平时非常俭约，衣不锦绣，食不兼味，从不铺张浪费。当时达官贵人把生日看得极重，大肆庆贺。但于谦过生日，谢绝一切贺客，拒收任何礼物，常常是独坐静思，回省自己的政务，激励自己。于谦执政，日理万机，"日夜分国忧，不问家产""所居仅蔽风雨"。"门前无列戟"，常被

"错认野人家"，与他的职位极不相称。

正统年间，宦官王振专权，作威作福，肆无忌惮地招权纳贿。百官大臣争相献金求媚。每逢朝会，进见王振者，必须献纳白银百两；若能献白银千两，始得款待酒食，醉饱而归。而于谦每次进京奏事，从不带任何礼品。有人劝他说："您不肯送金银财宝，难道不能带点儿土产去？"于谦潇洒一笑，甩了甩他的两只袖子，说："只有清风。"他还特意写诗《入京》以明志：绢帕麻菇与线香，本资民用反为殃。清风两袖朝天去，免得闾阎话短长！

这种两袖清风，有多少人能够做到？在于谦之后，明朝另一位杰出的政治家张居正，在推行改革时虽然倡清廉、反腐败，可惜自己却未能洁身自好。改革刚开始时，张居正确实是带头执行。他父亲过生日，派仆人骑驴回家送礼，特吩咐不得住驿站。但后来他回乡葬父，坐的是三十二人抬的特制大轿，沿途地方官员郊迎郊送，还要呈上黄金，担负护卫任务的是比国家正规军装备还要精良的特殊卫队，弄得朝野上下议论纷纷。他反对别人受贿，而自己受贿金额却十分惊人。

嘉靖七年十一月二十九日（1529年1月9日）王阳明病逝，远近百姓闻讯无不遮道哭送。人已离去，可是王阳明的英名以及事迹都让大家难以忘怀，为国为民的清官永远是百姓所敬仰的。即便没有什么惊天伟业，但是能造福一方百姓而清廉自守，足以让百姓铭记。

然而对我们这些普通人来说，活得简单一点儿，心里的负荷便会减少一些。眼前的繁华美景，不过是过眼云烟。与其辛苦地追名逐利，不如放下心头的贪欲，任世界物换星移，沧海桑田，做一个安贫乐道、淡泊明志之人，这样心胸自然开阔，生活也快乐很多。

礼让功劳，不露锋芒

古先圣人许多好处，也只是无我而已。无我自能谦，谦者众善之基，傲者众恶之魁。

——王阳明

《菜根谭》中有这样一段话："完美名节，不宜独任，分些与人，可以远害其身；辱行污名，不宜全推，引些归己，可以韬光养德。"意思是说，拥有完美的名节，分些与人，无可厚非，而且可以帮助自己远离祸害；当名誉受损的时候，不宜全部推脱责任，自己承担一些，可以帮助自己韬光养德。

行走人生，祸福总是相伴相生。面对功劳，要懂得礼让；面对祸殃，要懂得承担。王阳明在为明政府扫清四处作乱的匪寇后，把功劳全部归于赏识他、为他工作扫除障碍的兵部尚书王琼。他注重道德、气节，不在乎权势金钱，仅礼让功劳这一项就足为人们所称道。

曾国藩也是一位懂得礼让功劳的人。他从来都不独享功劳，而总是推功于人，他说，凡是遇到有名、有利的事情，都要和别人分享。

曾国荃围攻金陵久攻不下，但是又想独享大功，不愿意接受李鸿章的援军，曾国藩就写信开导说：近日来非常担心老弟的病，初七日弟交差官带来的信以及给纪泽、纪鸿两儿的信于十一日收到，字迹有精神、有光泽，又有安静之气，言语之间也不显得急迫匆促，由此预测荃弟病体一定会痊愈，因此感到很宽慰。只是金陵城相持很久却还没有攻下，按我兄弟平日里的性情，恐怕肝病会越来越重。我和昌岐长谈，得知李少荃实际上有和我兄弟互相亲近、互相卫护的意思。我的意思是上奏朝廷请求准许少荃亲自带领开花炮队、洋枪队前来金陵城会同剿灭敌军。等到弟对我这封信的回信，我就一面上奏朝廷，一面给少荃去咨文一道，请他立即来金陵。

曾国藩在此委婉地向曾国荃表达了希望李鸿章能够与他一同作战，同立战功的想法。李鸿章看到曾国荃并不想他插手金陵，同时不愿意借此揽功，就上报朝廷，一方面上报朝廷说曾氏兄弟完全有能力攻克金陵，另一方面又派自己的弟弟前去帮助攻城。

攻下金陵后，李鸿章亲自前去祝贺，曾国藩带曾国荃迎于下关，说："曾家兄弟的脸面薄，全赖你了！"李鸿章自然谦逊一番。曾国藩一再声称，大功之成，实赖朝廷的指挥和诸官将的同心协力，至于他们曾家兄弟是仰赖天恩，得享其名，实是侥幸而来，只字不提一个"功"字。

他还上书朝廷把此战归功于朝廷的英明和将士们，不提自己和弟弟的辛劳。谈到收复安庆之事，他也是归功于胡林翼的筹谋划策、多隆阿的艰苦战斗。在其他战役中，曾国藩也总是把赏银分给部下，把功劳归于他人并加以保举，如此一来，既得到了将士们的心，鼓舞了他们的士气，也让朝廷对他放心。

曾国藩这种"有福同享，有难同当"的气魄展示了一个领导者的魅力，每一个将士都愿意跟随这样的领导者，乐于为他所用。

与曾国藩相对的是中国历史上另一个大将项羽。项羽力能扛鼎，一方称王，但在楚汉争天下的斗争中以失败而告终。韩信在分析他的性格时说：项王待人恭敬慈爱，言语温和，有生病的人，心疼得流泪，将自己的饮食分给他。但等到有的人立下战功，该加官晋爵时，却把刻好的大印放在手里玩磨得失去了棱角，也舍不得给人，这就是所说的妇人的仁慈啊。将士的浴血奋战却没能得来应得的报酬，长此以往，项羽自然会失去军心；军心一失，失败便已注定。

对于生活中的我们来说，一件事情的完成，不可能只依靠个人之力，往往需凭借亲人、朋友或者同事等多方的努力。王阳明能够成为心学大师，是因为身边有志同道合的朋友，可以时常切磋，探讨学问；能够成为战场上的不败将军，是因为有忠心不二的部下。请务必记住，当自己有良好的表现，受到周遭人的赞赏时，更应该大度地说："这不是我一个人的功劳，是大家一起努力的成果。"这种肚量，能让周遭的人更乐于提供帮助。这样的良性循环，也会使工作和生活更顺利。

在低潮时前进，在高潮时退出

大抵七情所感，多只是过，少不及者。才过便非心之本体，必须调停适中始得。

——王阳明

王阳明由兵部主事贬至龙场时，生活异常艰难。为了生计，他不得不耕作种田。他深知老百姓的智慧，不耻下问，询问其耕地种田之道，还咨询当地民风习俗等，深受老百姓爱戴。

他在讲学的时候也如此。他授徒的最大特点就是把门人当朋友，没有训诫，没有体罚，寓教于乐，教学相长。他认同学生的智慧，从不强加自己的观点给学生。在他逝世之后，明廷部分官员、门人为继承他的事业，宣传他的思想、观点、主张，纪念他、缅怀他。

民间的智慧才是大智慧，王阳明虚心向百姓求教，谦卑地与学生交谈，广纳四方意见，在学习和探讨中不断完善自己的哲学思想，这样的态度着实令人佩服。

《道德经》中说："故贵以贱为本，高以下为基。是以侯王自谓孤、寡、不谷。此非以贱为本邪？非乎？故至誉无誉。是故不欲琭琭如玉，珞珞如石。"意思是说，贵要以贱为根本，高要以下为根基，因此，侯王自称孤、寡、不谷，这不就是以贱为本吗？不是吗？所以最高的荣誉就是没有荣誉，作为侯王最好不要表现自己，不要像玉那样显示它的光亮文采，宁可像石头那样朴实无华。

侯王本是高高在上的人，但依然自称孤、寡、不谷。即使我高贵为侯王，但我依然孤独，依然德浅才疏，因此希望百姓来帮助我，大臣来支持我。这就是处下，就是高以下为根本，贵以贱为根基。

众所周知，"水能载舟，亦能覆舟"。意指事物用之得当则有利，反之必有弊害。我们把舟比喻为君王，把水比喻为百姓；舟在上位，水在下位。如果船上的人经常想到船下面的水，认识到这是自己之所以能高贵、高高在上的根本和基础，常常居上思下、处尊思贱，就不会发生危险。如果忘了根本、失去了根基，那么就危险了。在《三国演义》中，有一个人就非常懂得"处下"的智慧，这个人就是刘备。

刘备是大汉皇叔，出身高贵，却与出身卑微的关羽、张飞结义，从此奠定了自己事业的基点。后来，天下大乱，诸侯混战中，他也是采用"处下"的智慧，一步步充实自己的实力。他先是投靠公孙瓒，后来他解了徐州之围，并投靠了徐州刺史陶谦。因为他善于处下，结果陶谦三让徐州，最后刘备做了徐州牧。

再后来他又投靠曹操、袁绍、刘表，一路在"处下"中前进，在"处下"中积聚力量，在"处下"中百炼成钢。在这个过程中，最著名的当数刘备"三顾茅庐"了。为了请出诸葛亮,刘备不惜降尊纡贵,带领关羽、张飞,三次登门拜访。

第一次去,看门的小童听说他们是来找自己主人的,回答说:"先生不在家,早上就出门去了,也不知去了哪儿,更不知什么时候回来。"刘备只好失望地离开了卧龙岗。

过了些时日,刘备打听到诸葛亮已经回家,又和关羽、张飞一起顶着漫天的大雪去隆中。可是到了才知道,诸葛亮已在头一天和朋友云游去了,三人又扑了个空。

又过了些时日,刘备准备第三次去请诸葛亮,关羽和张飞都有些恼火,但刘备并不灰心,三人再次来到卧龙岗。听小童说诸葛亮在睡觉,刘备便恭恭敬敬地站在草堂的台阶下等着。过了很长时间,小童才出来把三人请进草屋。刘备终于见到了诸葛亮。诸葛亮见刘备谦虚诚恳,便说:"荆州地势险要,是个用兵的好地方,刘表既然守不住它,将军应当取而代之。先占据荆州,站稳脚跟,再取益州,然后联合孙权,交好西南各族,待时机成熟,再向中原发展。那么,统一天下的大业就能够获得成功。"

诸葛亮的一番话,果然让刘备豁然开朗,眼前一亮。但是当他邀请诸葛亮立即一同前往新野时,诸葛亮没有答应,说自己一向乐意耕锄,不能奉承遵命。于是刘备哭起来,把衣襟袍袖都哭湿了。诸葛亮终于被其感动而出山。

"处下"是一种"虚怀若谷,吞吐万千"的气势风骨。"处下"不意味着低下,谦逊、尊贤,才能得到民众的爱戴。试想,王侯尚且如此,那么一般人更应该"处下",并时刻保持谦虚谨慎的态度。脚踏实地、虚心向学、任劳任怨，你自然容易获得他人的信任；你平易近人、尊重人、理解人、关心人，自然广受爱戴，由高处不胜寒变为高处春意暖。到那时，事业和成功自然水到渠成。

第十三章 彻悟心：入世心做事，出世心做人

随性生活，顺其自然

有根方生，无根便死。

——王阳明

每个人都有天然的生命，每个人的身体形貌都是独一无二的，各有独自的精神。"人之貌有与也"，这句话告诉我们，人活着要顺其自然，不要受任何外界环境的影响。

少年时代的王阳明，耳濡目染的是经书、科考和功名。读书而金榜题名，是进身的黄金之路，也是成为封建贵族和进入

权力中心的唯一道路。

然而具有戏剧性的是,癸丑年(1493年)他参加科举落选,许多他父亲的同僚和赏识他的人都来安慰他,宰相李西涯跟他开玩笑说:"汝今岁不第,来科必为状元,试作来科状元赋。"还在扬才露己阶段的王阳明遂"悬笔立就"。诸老皆惊呼:"天才!天才!"后来有人忌妒他的才华,说:"此子如果取上第,目中不会有我辈矣。"来年即丙辰科会试,他果然名落孙山。

王阳明科举的落败,原因就在于他违背了自己既入乎其中又超乎其外的章法,用力太猛,适得其反,这对于当时功名心还极强的他来说是深感挫败的。然而他一想,这才是真正需要格的物,要顺应自然的常态,加强自己内心的修炼。

一切都是最好的安排,自然就是生命的方式。有时候,过于倚重外物与环境会让你充满烦恼,得不到快乐。

一个人被烦恼缠身,于是四处寻找解脱烦恼的秘诀。有一天,这个人来到一座山的脚下,看见在一片绿草丛中有一位牧童骑在牛背上,吹着横笛,逍遥自在。他走上前去问道:"你看起来很快活,能教给我解脱烦恼的方法吗?"牧童说:"骑在牛背上,笛子一吹,什么烦恼也没有了。"他试了试,却无济于事。于是,他又开始继续寻找。

不久,他来到一个山洞里,看见有一个老人独坐在洞中,面带满足的微笑。他深深鞠了一躬,向老人说明来意。老人问道:"这么说你是来寻求解脱的?"他说:"是的!恳请赐教。"

老人笑着问:"有谁捆住你了吗?""没有。""既然没有人捆住你,何谈解脱呢?"他蓦然醒悟。

我们又何尝不是像这个人一样四处寻找解脱的途径?殊不知,并没有谁捆住你的手脚,真正难以摆脱的是困于你心中的那个瓶颈。打破心中的瓶颈,清除掉心中的垃圾,你就可以在属于自己的天空中自由翱翔。人之所以不快乐,就是因为活得不够单纯。其实,不要去刻意追求什么,不要向生命索取什么,不要给自己设置障碍,简单而自然,本身就是一种幸福。

一个农民从洪水中救起了他的妻子,他的孩子却被淹死了。事后,人们议论纷纷。有人说他做得对,因为孩子可以再生一个,妻子却不能死而复活。有人说他做错了,因为妻子可以另娶一个,孩子却没法死而复活。

有一个秀才听说了此事,也感到疑惑不解,他就去问农民。农民告诉他,他救人时什么也没想。洪水袭来,妻子在他身边,他抓起妻子就往山坡游。待返回时,孩子已被洪水冲走了。

这个农民的处事方式自然是一种睿智的生活方式,如果他先进行一番抉择的话,事情的结果会是怎样呢?洪水袭来,妻子和孩子被卷进漩涡,片刻之间就会失去两条性命。

随着年龄、阅历的增长,人心会越来越复杂。其实生活本来很简单,只是人们复杂的心使它变得复杂。保持自然的生活方式,不因外在的影响而痛苦抉择,便会懂得简单的快乐。人生中,许多时候,我们并没有机会和时间进行抉择,你只需遵循生命自然的方式，随性生活便好。王阳明曾提出一个"俟命"的生死态度，"俟命"就是依顺天命。但在王阳明看来所谓的俟命和随性，并不是随便，而是顺其自然，不躁进、不过度、不强求；是把握机缘，不悲观、不慌乱、不忘形。

既然上天赐予了我们生命，也赐予了人们自由生活的权利，不要忘记，自然永远比人更包容，不能包容人的，是人自己。

从心所欲，不逾矩

志于道德者，功名不足以累其心；志于功名者，富贵不足以累其心。

——王阳明

从正德六年（1511年）起，由于王阳明在江西庐陵施政成绩卓著，他由司主事升到员外郎、郎中、南京鸿胪寺卿、都察院左佥都御史、都察院右佥都御史、巡抚两广、南京兵部尚书、封新建伯。加上他的文治武功，可以说是声名显赫。尤其是在平定宁王叛乱之后，名震朝野上下。但是，王阳明不但毫无升迁之后的沾沾自喜，反而一次又一次地上书，恳求辞官；或者借口体弱多病，恳请归里修养；或者恳求回乡探望亲人，离开朝廷。

真正的智者永远知道自己需要什么和不需要什么，不会为了看似光鲜的声名而明争暗斗。王阳明就是这样一个人,七次擢升,他六次要求辞官,虽然不被皇帝批准,但是他始终知道自己要的是什么。

《菜根谭》中有句话说:"石火光中争长竞短,几何光阴?蜗牛角上较雌论雄,许大世界?"人生就像用铁击石所发出的火光一闪即逝,在这短暂的光阴中何苦为争名夺利而浪费时间?人类在宇宙中生存的空间就像蜗牛角一样狭小,在这般有限的空间里又能争得多大的世界呢?

齐庄公的时候,有个勇士名叫宾卑聚。一天夜里,他梦见一个壮士,身材魁梧,头戴白色绢帽,帽上缀着红色的丝穗,外穿耀眼的红色麻布盛装,内穿棉布做的衣服,脚穿一双崭新的白色缎鞋,身上挂着一个黑色的剑囊。这个威武的大汉走到宾卑聚面前,大声地呵斥他,还朝他脸上吐唾沫。

宾卑聚一下子惊醒了,发现原来是个梦。尽管这样,他依然耿耿于怀。

第二天天一亮,宾卑聚就把他的朋友们都请来,向他们讲述了前一天晚上做的梦。然后他对朋友们说:"我自幼崇尚勇敢,60年来从没受过任何欺凌侮辱。可是昨天夜里,我在梦中受到如此侮辱,心中实在愤懑。我一定要找到那个敢于在梦中骂我,并向我吐唾沫的人。假若在三天之内找到他,我就要报这仇;如果三天之内找不到他,我就没脸面活在世上了。"

此后每天早晨,宾卑聚就带着他的朋友们一起站在行人过往频繁的道上,寻找梦中的壮士。可是,三天过去了,他们始终没有看到类似的壮士。宾卑聚气馁地回到家中,长叹一声,拔剑自刎。

梦如镜花,转瞬即逝,皆是不现实的东西。古人常说:"智勇多困于所溺。"人如果沉浸在虚幻的事物当中,对一切不现实的东西抱有奢望或想法,仿佛是动物被困于囹圄,无法脱困,最终只会使自己疑心太重,害苦自己。这个故事清楚地说明,梦就是梦,人不可以追求或追究那种离自己太远的东西,应该面对现实。保持淡然的心态,才能领悟生活的真谛。

王阳明有一个关于敬畏与洒脱的理论,现实世界总是不圆满的,这就需要理想来填充;而理想并非空挂着,必须落实到现实中。在理想与现实中,人们开始追求和实践。为了不为名利所扰,则需要达到敬畏和洒脱的境界,内在的敬畏,外在的洒脱,也就是对"从心所欲,不逾矩"的注脚。身在名利场,却不为名利所累。

虚名是人心灵上的大包袱,让人没有一刻轻松,让人失去自我、失去他人的尊重。所以,除去虚名便能除去不必要的负担,任何时候,我们都要保持对自我的清醒认识。

以出世心境，做入世事业

我亦爱山仍恋官。

——王阳明

心学作为心性儒学，最不同于其他儒学的地方，在于其强调生命活泼的灵明体验。看似与佛学的心法修教十分相似，但佛学只求出世，而心学用出世之心做入世之事。正是儒学所说的"内圣外王"。纵观王阳明的一生，定国安邦、著书立说、驰骋骑射，全无传统文人的懦弱单薄。他动静兼入极致，顿悟深远，知行合一，于平凡中体现伟大，于入世中明见其出世的心境。

王阳明的"有"，是"大无大有"，先无我才能真有我，因此他对万事既不排斥也不沉溺。比如在王阳明的诗歌中，我们可以看到他"我亦爱山仍恋官"。他既有强烈的建功立业的欲望，更想着他的"第一等事"——成为圣贤。成化三年（1467年），因为外祖父去世，王阳明也随父亲王华回到老家。他白天跟随大家一起学习，晚上还自己品读经史子集。他的亲戚朋友看到他如此精进，都纷纷慨叹，后来总结出"彼已游心举业外矣，吾辈不及也"！这也是老子说的"后其身而身先，外其身而身存"。

王阳明一生都得力于这种入乎其内、出乎其外的章法。老子说:"我愚人之心也哉,沌沌兮!""愚",并非真笨,而是故意表现出来的。"沌沌",不是糊涂,而是如水汇流,随世而转,自己内心却清楚明了。

唐朝李泌便为世人演绎了一段出世心境入世行的处世佳话。该仕则仕,该隐则隐,无为之为,无可无不可。

李泌一生中多次由于各种原因离开朝廷。玄宗天宝年间,当时隐居南岳嵩山的李泌上书玄宗,议论时政,颇受重视,遭到杨国忠的嫉恨,其毁谤李泌以《感遇诗》讽喻朝政,李泌被送往蕲春郡安置,他索性"潜遁名山,以习隐自适"。自从肃宗灵武即位时起,李泌就一直在肃宗身边,为平叛出谋划策,虽未身担要职,却"权逾宰相",招来了权臣崔圆、李辅国的猜忌。收复京师后,为了躲避随时都可能发生的灾祸,也由于叛乱消弭、大局已定,李泌便功成身退,进衡山修道。代宗刚一即位,又将李泌召至京师,任命他为翰林学士,使其破戒入俗,李泌顺其自然,当时的权相元载将其视为潜在的威胁,寻找名目再次将李泌逐出。后来,元载被诛,李泌又被召回,却再一次受到重臣常衮的排斥,再次离京。建中年间,泾原兵变,身处危难的德宗又把李泌召至身边。

李泌屡蹶屡起、屹立不倒的原因,在于其恰当的处世方法和豁达的心态,其行入世,其心出世,所以社稷有难时,他义不容辞,将入世视为理所当然;国难平定后,全身而退,对权力没有丝毫留恋。李泌已达到了顺应外物、无我无己的境界,正如儒家所说"用之则行,舍之则藏","行"则建功立业，"藏"则修身养性，出世入世都充实而平静。李泌所处的时代，战乱频仍，朝廷内外倾轧混乱。心系社稷，远离权力，无视名利，谦退处世，顺其自然，乃李泌的处世要诀。

李泌有一阕《长歌行》："天覆吾，地载吾，天地生吾有意无。不然绝粒升天衢，不然鸣珂游帝都。焉能不贵复不去，空作昂藏一丈夫。一丈夫兮一丈夫，千生气志是良图。请君看取百年事，业就扁舟泛五湖。"这既是他本人一生的写照，也是他对于后人的忠告。

用出世的心做入世的事，不是每个人都能做到的。怎样才算是有出世之心呢？

古时候，有一位智者，学识渊博，德高望重，他有一个小徒弟，天资聪颖，却总是怨天尤人。这天，徒弟又在抱怨，智者对他说："去取一些盐来。"徒弟不知智者何意，疑惑不解地跑到厨房取了一罐盐。智者让徒弟把盐倒进一碗水里，命他喝下去，徒弟不情愿地喝了一口，苦涩难耐。智者问："味道如何？"徒弟皱了皱眉头，说："又苦又涩。"智者笑了笑，让徒弟又拿了一罐盐和自己一起前往湖边。智者让徒弟把盐撒进湖水里，然后对徒弟说："掬一捧湖水喝吧。"徒弟喝了口湖水，智者问："味道如何？"徒弟说："清爽无比。"智者又问："尝到苦涩之味了吗？"徒弟摇摇头。智者语重心长地对他说："人生中的许多事情如同这罐盐，放入一碗水中，你尝到的是苦涩的滋味；放入一湖水中，你尝到的却是满口甘爽。让自己的心变成湖水，自然尝不到人生的苦涩。"

做人做事都应如此，莫让心境局限在一个狭小的空间，心如大海，便可达到出世的境界。老子说："万物并作，吾以观其复。"于他，无欲无为的出世和"治大国若烹小鲜"的入世巧妙地结合在一起。

一个人成不成功除外界给予个人的条件外，还和个人的心态有关。就像王阳明一样，他可以"每日宴坐草庵中"，也可以"我亦爱山仍恋官"。出世和入世很大程度上取决于个人的心态。

人人都想追求幸福并成就一番事业，在人生的路途上肯定要遭遇很多的挫折和苦难，这个时候就必须静其心，淡泊名利，学会选择与放弃，学会以出世心境，做入世事业。

同流世俗不合污，周旋尘境不流俗

此心光明，亦复何言！

——王阳明

王阳明临死前说："此心光明，亦复何言。"回顾他的一生，少年时起便立下大志，勤读诗书。初入仕途被人陷害，被贬谪至龙场三年，吃尽了人间苦，身心都大受打击，却也在此悟道，受用一生。而后频频得志，名震天下，桃李满天下。王阳明的一生是波折与荣誉共生，他认为自己这一生不愧对百姓，不愧对国家。

王阳明能够如此从容不迫地面对死亡，是因为他这一生并没有与世同流合污，而是在辛勤地付出，为百姓和国家鞠躬尽瘁。

古语道："处治世宜方，处乱世宜圆，处叔季之世当方圆并用；待善人宜宽，待恶人宜严，待庸众之人当宽严互存。"意思是处在太平盛世，待人接物应严正刚直，处天下纷争的乱世，待人接物应随机应变；处在国家行将衰亡的末世，待人接物要方圆并济、交相使用；对待善良的人，态度应当宽厚；对待邪恶的人，态度应当严厉；对待一般平民百姓，态度应当宽厚和严厉并用。

当我们处于浊世时，如果能保持"万花丛中过，片叶不沾身"的操守，便不需急于撇清自己与这个世界的关系。这也是方圆之道。

所谓方圆，古人早有诸多论述。老子的理想道德是自然，是天地，是天圆地方；孔子的理想道德是中庸，是适度，是不偏不倚。这种观念作用于人际，便能促成一种更加和谐的平衡。当然，前提是在浊世里不管外有多"圆"，都要守住内心的"方"，守住自己道德的底线。其实，我们之所以不赞成"众人皆醉我独醒"的姿态，是因为没有一个人能够彻底脱离这个世界，即便是浮萍，也需要一汪任其漂泊的湖水，更何况没有几个人从心底里愿意做那无所束缚却也无所依靠的浮萍。

孙叔敖原来是一位隐士，被人推荐给楚庄王，三个月后做了令尹（宰相）。他善于教化引导人民，因而使楚国上下和睦、国家安宁。有一位孤丘老人很关心孙叔敖，特意登门拜访，问他："高贵的人往往有三怨，你知道吗？"孙叔敖问："您说的三怨是指什么呢？"孤丘老人说："爵位高的人，别人嫉妒他；官职高的人，君王讨厌他；俸禄优厚的人，会招来怨恨。"孙叔敖笑着说："我的爵位越高，我的心胸越谦卑；我的官职越大，我的欲望越小；我的俸禄越优厚，我对别人的施舍就越普遍。我用这样的办法来避免三怨，可以吗？"孤丘老人感到很满意，于是走了。

孙叔敖按照自己说的做了，虽然避免了不少麻烦，但也并非一帆风顺，他曾几次被免职，又几次被复职。有个叫肩吾的隐士对此很不理解，就登门拜访孙叔敖，问他："你三次担任令尹，也没有感到荣耀；你三次离开令尹之位，也没有露出忧色。我对此感到疑惑，现在看你的气色又是如此平和，你的心里到底是怎样想的呢？"孙叔敖回答说："我哪里是有什么过人的地方啊？我认为官职爵禄的到来是不可推却的，离开是不可阻止的。得到和失去都不取决于我自己，因此才没有觉得荣耀或忧愁。况且我也不知道官职爵禄应该落在别人身上呢，还是应该落在我的身上。落在别人身上，那么我就不应该有，与我无关；落在我身上，那么别人就不应该有，与别人无关。我的追求是顺其自然，悠闲自得，哪里有工夫去想什么人间的贵贱呢？"听了他的回答，肩吾对他很钦佩。

孙叔敖没有被免职和复职的风波扰乱心绪，而是保持"物来则应、物去不留"的淡然心境。为人处世，我们需要一颗方正的心。有圆无方,则谓之太柔,太柔之人缺筋骨,乏魄力,少大志,难以有大作为;但若有方无圆,则性情太刚,太刚则易折。

"众人皆浊我独清,众人皆醉我独醒"自有其清高自傲,但很多时候常常只能换来屈原式的含恨离世或是文人式的悒悒不得志。与之相较,同流世俗不合污,周旋尘境不流俗或许才是更加明智的选择。这也是王阳明的处世之道。

在现实生活中,如果经常愤世嫉俗,牢骚满腹,自命不凡,遇到挫折缺少变通,就很容易歇斯底里,自暴自弃,把自己推向极端。所以,方圆结合才是处世之道,只要保持内心的高贵与正直,就不会受到外界的影响。

三分能力,七分责任

世之君子唯务致其良知。

——王阳明

责任,是一种天赋的使命。每个人来到这个世上,都需要承担责任,没有责任的人生是空虚的,不敢承担责任的人是脆弱的,人生是一连串的责任累积。人的一生,要对自己负责,要对父母负责,要对子女负责,要对工作负责,要对社会和国家负责。

敢于承担责任,才能获得别人的尊敬和信任,获得人生的成就感和自豪感。在王阳明一家由余姚搬到绍兴时,王阳明隐居在洞中,他按照道家的方法进行修炼和静养,并想彻底远离红尘。但是后来想到家中的祖母和父亲,以及自己尚且没有孩子,考虑到这些,他便没有做那样的决定。在洞中悟道的时候,他还顿悟出子女思念父母是小孩时候就有的感情,如果子女连父母都不想了,势必会灭绝人性。

责任就是一种使命,每个人都有责任感,每个人都会不辱使命而努力。责任能激发人的潜能,也能唤醒人的良知。

唐朝天宝十四载(755年),"安史之乱"爆发。当时郭子仪被任命为朔方节度使,攻克河东地区的战略重地静边军城,斩杀胡兵七千多人,是"安史之乱"后唐朝首次大捷。日后,郭子仪大败史思明,又率兵攻入东都洛阳,陈兵于天津桥南,士庶欢呼,后又收复长安,因军功卓著,郭子仪加封司徒,封代国公。

看到郭子仪一步步晋身显位,大太监鱼朝恩怕于己不利,于是不断进谗言于唐肃宗,说郭子仪意欲谋反。唐肃宗听后,虽然不太相信,但还是削夺了郭子仪的兵权,让他担任位高权微的官职。郭子仪欣然接受,没有任何怨言。听到这一消息,郭子仪的很多朋友和部下纷纷为之不平,要上朝面圣,澄清事实,诛杀鱼朝恩。

郭子仪摇摇头,对他们说道:"现今国家危难之际,各路敌军尚未剿灭,如果这个时候,朝廷因为我的事,相互猜疑倾轧,这不是给了敌人可乘之机吗?外患未平而国家动乱,那我的罪过可就大了。我这么做，无非是不想让国家再出现无谓的争斗，一致平叛，这样我大唐才有希望。"

郭子仪之所以成为被后人景仰的一代名将，很重要的一点就在于他不以个人沉浮而争执抱怨，他知道在国家危难之际，唯有内部团结，才能力挽狂澜，只有消除毫无意义的内耗，才能一致对外。这也正是郭子仪不以自身利益为主，有顾全大局的责任心的体现。

嘉靖六年（1527年），朝廷命王阳明前往广西处理军事叛乱时，他的身体状况其实已经不允许再奔波于外，他上书无果之后，毅然担起身上的责任，即刻启程去赴任，一年后王阳明便因病去世。在王阳明看来，人生是一连串责任的累积。

责任的力量是无与伦比的，是责任使落叶归根，是责任使乌鸦反哺，是责任促使运动场上的英雄为了祖国而拼尽全力……就算拥有再大的能力，如果没有责任也成不了大事。所以，无论是罪恶还是污秽，一旦遭遇责任这样的主题，都会如阴暗角落里的螨虫，在阳光下无处可逃。

生命不在于拥有，而在于有用

终年碌碌，至于老死，竟不知成就了个什么，可哀也已！

——王阳明

王阳明一生都在探求"格物致知""知行合一""致良知""心即理""人人皆可成圣人"等，他热心布道，痴迷于讲学研讨。他认为，不讲学，圣学不明，因而他也成为当时天下最"多言"的人。他通过讲学、研讨、撰写诗文、通信等方式，广为传播文化，培养和造就了一大批文化精英。

每个人活着都有自己的意义，如何扩大自己的价值，达到更高的人生境界，王阳明的布道是方法之一。可是对于生活在繁华都市中的人，每天都为了生计而奔忙，很容易被各种各样的物欲迷住了眼睛。在他们的眼里只有来往的车流、上司和周围人群的神态、各式各样的楼层，有点儿时间休息时，也只是对着电视或者电脑。他们的心中根本没有周围的绿色植物、天空中不断游走的流云、夜晚灿烂的星光和月色，他们的心仅仅局限于都市中的那一个小小的片段。在这种狭窄的心灵空间生活久了，怎能获得成功和幸福的感受？怎能不心生疾病呢？

一个人要想使自己达到一种很高的境界，必须把自己的心域放大，不能局限于眼前，要思考生的意义。生命不在于拥有，而在于有用。我们活在这个世界上不是为活着而活着，重要的是应怎样去生活。时间的意义不是让人们去计算日夜的循环,也不是让人们记录自己的皱纹和衰老。它不是空洞的嘀嗒声,不是浑浑噩噩地吃饭和睡觉,而是在时间的长河中,找到度日的信念,获得心灵上的满足。

对于人类来说,生命本身实质是没有内涵的,它需要人在时间里进行实践,然后才能确立自己的内涵,从而赋予其意义。

有个修鞋匠每天都要经过不同的城镇,给不同的人修补不同的鞋子。有时候他会遭遇狂风暴雨,挣不了多少钱,饥肠辘辘,但是他的身影从来没有在人们的视线中消失过,每当太阳升起的时候,他都会准时将双脚踏在这片宽阔的土地上。

修鞋匠已经修了十几年的鞋,所经手的有高档鞋,也有廉价鞋,所面对的有礼貌的顾客,也有故意刁难的市井无赖,但是这么多年来,这个修鞋匠无论遇到什么样的事情,都认认真真地完成他的工作,他以此为乐,生活虽然过得很清贫,但是他依然很快乐。

每当有人对他说:"嘿,伙计,你用不着这样,修鞋嘛,能穿就行了,用不着那么认真。"这个修鞋匠总是这样说:"那样我无法面对自己,生活也就没意思了,你说,我怎么能快乐呢?"

"你一定能活得很长寿。"大家都这样说。

"谢谢,我的朋友,其实,我也这么认为。"修鞋匠憨憨地笑着。

人们常说这人懂生活，那人懂生活，由这个故事可以看出，其实这个平凡的修鞋匠就是一个懂得生活的人。他明白为何而生、为何而活，所以执着于一切的世事变化、一切的生活点滴，活得有意义，从而更加笃定人生需要憧憬，更需要眼下的所为。

王阳明虽有超越生死的观点，但是对于生命他一直都很珍惜。在他看来，评判生死要从生死价值的角度出发，死要死得其所，死得有价值，换句话说，就是要活得有意义。

有人常说"这是在数着日子过喽""现如今只有混吃等死了"……说这种话的人为什么不去找一些有意义的事做呢？人的一生可能燃烧也可能腐朽，但愿每一次回忆时，我们的内心都不会感到愧疚。

前半生不要怕，后半生不要悔

人于生死念头，本从生身命根上带来，故不易去。若于此处见得破，透得过，此心全体方是流行无碍，方是尽性至命之学。

——王阳明

每个人心中都有渴望和梦想，有些人终其一生的努力，也未必能得到成功的回报。然而，他们却无憾无悔于生命。因为他们从未慵懒过，他们一直在执着追求心中所爱。往前走，不要怕；回头看，不后悔。人生所追求的不过是无憾无惧而已。

王阳明被贬至贵州龙场，龙场在贵州西北的荒凉之地，当地居住的都是少数民族，王阳明非常不适应当地的生活。再加上当时大宦官刘瑾一直都在派人追杀王阳明，要不是王阳明使了个金蝉脱壳之计，估计早死了，然而刘瑾还是不会轻易放过他。这时，王阳明认为，得失荣辱都不在乎，都可以置之度外，只有这生死问题还没有参透，于是他就做了一个石棺，躺在里面，发誓说：我就等待命运的安排吧！后来王阳明看透了生死，既然参透了生死的意义，从而面对前面的路能泰然处之，无畏无惧。

王阳明的心学还秉承着"仁者与万物一体"论而来。以天下为己任，事事皆关我心，"我"是"主人翁"，天下兴亡匹夫有责，等等，强调小我统一于大我的历史责任感，基于这种责任感而产生的行动是踏实稳重的。

30年前，一个年轻人离开故乡，准备闯出一片自己的天地。他动身的第一站，是去拜访本族的族长，请求指点。老族长正在练字，他听说本族有位后辈开始踏上人生的旅途，就写了3个字：不要怕。然后抬起头来，望着年轻人说："孩子，人生的秘诀只有6个字，今天先告诉你3个，可供你半生受用。"30年后，这个年轻人已是人到中年，有了一些成就，也添了很多伤心事。归程漫漫，到了家乡，他又去拜访那位族长。他到族长家里，才知道老人家几年前已经去世，他的家人取出一个密封的信封对他说："这是族长生前留给你的，他说有一天你会再来。"还乡的游子这才想起来，30年前他在这里听到人生的一半秘诀，拆开信封，里面赫然又是3个大字：不要悔。

故事中的6个字点透人生。当年的"不要怕"激励了年轻人勇敢地去追求自己的理想和生活，历尽艰辛，不断努力，也唯有这样的勇气才能支撑年轻的心，"走遍天下都不怕"。凭借这样"尽人事"的努力，当年轻人走过了人生的坎坎坷坷，经历了酸甜苦辣，明白了原来成功的背后五味杂陈时，老族长又告诉他："不要悔。"每一步都是财富，坦然地接受生命的馈赠，"得之我幸，失之我命"，所有的日子都值得用心度过。

年轻的时候不要怕，老了之后不要悔。在生活中，我们路过也错过，像一条条画在人生轨道上的线，交叉，并行，走一段或者走一生。在我们年少的时候，我们不知道什么才是需要努力的，初生牛犊，凭借的只是最初的勇敢。假如这个时候缩手缩脚，就很难有所成就。等到我们阅尽人生，才能渐渐体会到人生中的遗憾与失落，许多不完美的心事和往事都渐渐浮现在心头。这个时候，最需要拥有的是一颗无怨无悔的心。我们要不断地告诉自己：走过的都是路，唱过的都是歌，所有的经历都只是一种结果。

儒家对于生命的态度即是所谓的"乐天知命"，人顺从"命"的同时还要实现上天赋予自己的使命，这才算尽了人事，面对死亡时也就心安理得。王阳明对于生死的态度也是沿袭了儒家的这种思想，他说死无所怕，如若真有所不甘，也是生时未完成人生的使命,死才会有所遗憾。既然生时没有尽人事,那么死时再来悔恨也是无济于事,此时便要学会坦然地面对。

人生在世,每个人都想要了无遗憾地度过今生,每个人都想让自己所做的事都是正确的。但这只能是一种美好的幻想,人不可能不做错事,不可能不走弯路。做了错事,走了弯路之后,能有一种积极的反省,也是一件好事,至少可以让我们今后的路走得更稳健、更从容。因为反思,所以深刻;因为憧憬,所以希望。在过去和未来的交织下,才有把握当下、不怕不惧、不喜不悔的人生。

不要怕,是说不要害怕明天的风雨;不要悔,是说不要后悔错过的彩虹。只要我们好好把握现在,珍惜现在所拥有的,勇敢地活在当下,就一定可以收获美好的人生。

图书在版编目（CIP）数据

王阳明心学的智慧/宿春礼编著. -- 北京：中国华侨出版社，2024.6
ISBN 978-7-5113-8369-3

Ⅰ.①王… Ⅱ.①宿… Ⅲ.①王守仁（1472-1528）—心学—研究 Ⅳ.① B248.25

中国国家版本馆 CIP 数据核字（2024）第 088239 号

王阳明心学的智慧

编　　著：	宿春礼
责任编辑：	刘晓静
封面设计：	冬　凡
美术编辑：	张　娟
经　　销：	新华书店
开　　本：	880mm×1230mm　1/32 开　印张：7.5　字数：149 千字
印　　刷：	三河市燕春印务有限公司
版　　次：	2024 年 6 月第 1 版
印　　次：	2024 年 6 月第 1 次印刷
书　　号：	ISBN 978-7-5113-8369-3
定　　价：	36.00 元

中国华侨出版社　北京市朝阳区西坝河东里 77 号楼底商 5 号　邮编：100028
发 行 部：（010）88893001　　　传　　真：（010）62707370

如果发现印装质量问题，影响阅读，请与印刷厂联系调换。